豊かな自然環境に恵まれた
国生み伝説の残る島

淡路島

AWAJISHIMA

瀬戸内の島々③

JN050194

淡路島へようこそ！

淡路島で暮らし、島を愛する皆さんが
島の魅力やおすすめの楽しみ方を教えてくれました♪

Welcome

いろんな角度から
タマネギの魅力を
発信しています！
ぜひ、お越しください！

見かけたら
声をかけてね！

南あわじ
P.75

おっタマげ！淡路島
玉葱雄さん

誰もが空手家気分を味わえる
瓦割り体験は、きっと旅の貴重な
思い出になること間違いなし！

ストレス発散にも
うってつけ

津井
P.48.76

瓦割り体験道場
谷池永充さん

舞台と客席が一体感に包ま
れる感動を、ぜひ味わって
みてください！

淡路人形座 人形遣い
吉田千紅さん

福良
P.116

魂が宿った人形は、
動きも表情も
人間以上！

金・土は直売所で
お会いしましょう！

島の恵みが詰まった
クラフトビールを
お召し上がりください！
もちろんおみやげにもぜひ！

南あわじ
P.71,113

NAMI NO OTO BREWING
河野充晃さん（右）
このみさん（左）

創業100年を超える
島で唯一の醤油醸造元！

昔ながらの手作り醤油は
おみやげにおすすめです！

南あわじ
P.101

センザン醤油・秦組本店
秦紳一郎さん

何より
日々の備えが
大切です

地震のすさまじさと
脅威を感じてもらい、
地震に備える大切さを
学ぶことができます！

甘くて軟らかいタマネギを
ぜひ、食べてみてください！

直売所で
お待ちしてます！

洲本
P.74

淡路島オニオンクラブ
成井修司さん（右）
一智さん（左）

北淡
P.47

野島断層保存館
北淡震災記念公園
池本啓二さん

自家製フレッシュチーズと淡路島産の食材を使ったピザをぜひ味わってください！

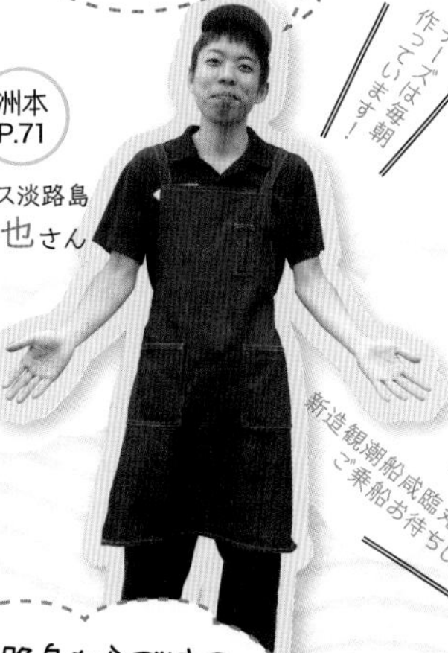

色とりどりの洋菓子や焼菓子に、コンフィチュールなど楽しみながら選んでください！

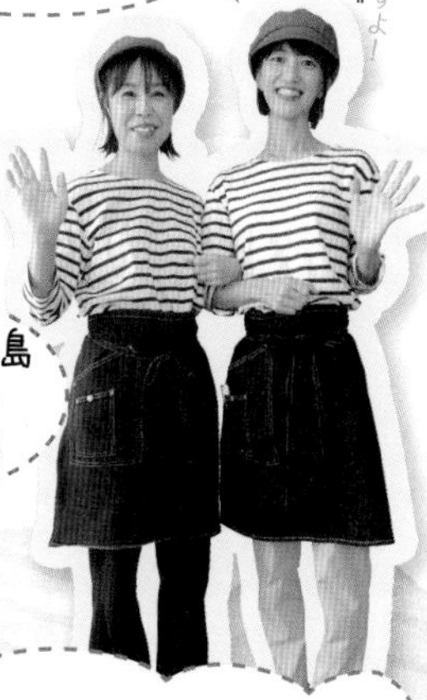

洲本 P.71
チーズ&ピザワークス淡路島
小川友也さん

津名 P.70
ホシノカジツエン Bloom
金本翠さん（右）
鳥嶋真子さん（左）

皆さんと一緒に、淡路島が誇る世界最大級のうず潮を世界遺産へ！

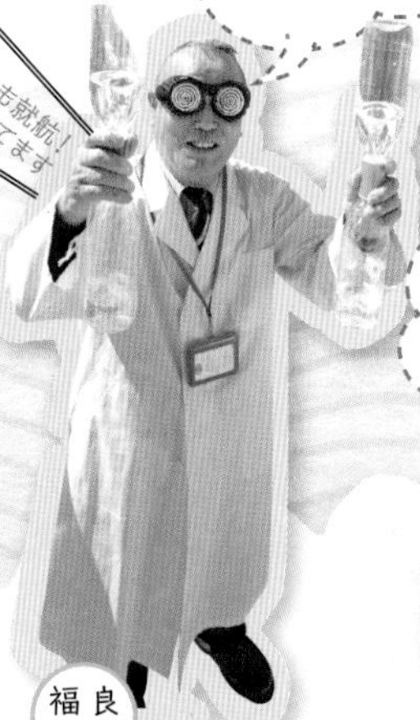

淡路島ならではのキムチを用意してお待ちしております！

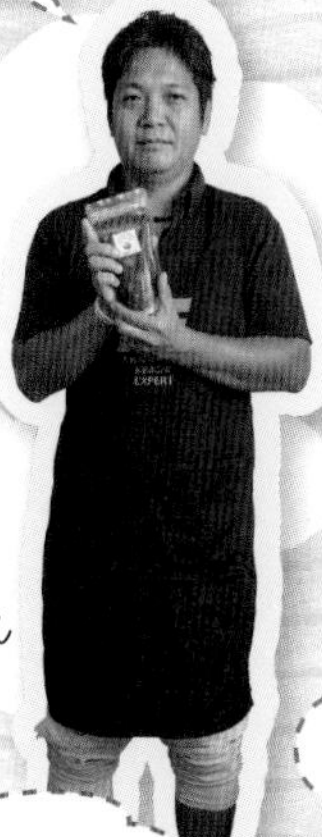

国生み神話ゆかりの地がたくさんあります。おのころクルーズはご予約をお忘れなく！

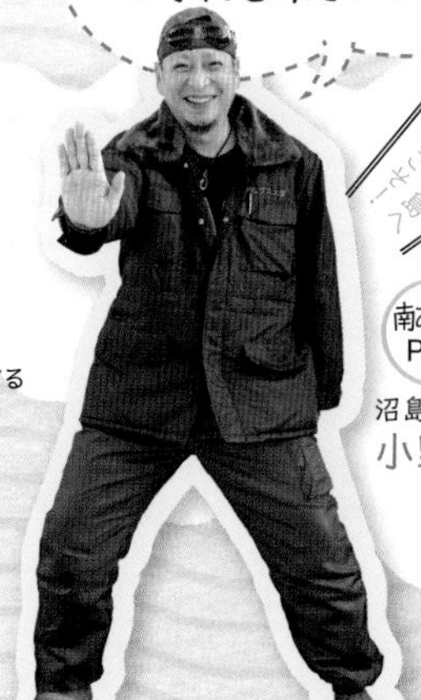

福良 P.34
NPO法人うず潮世界遺産にする
淡路島民の会 事務局長
山口平さん

洲本 P.71
淡路島キムチ
東田太士さん

南あわじ P.58
沼島おのころクルーズ
小野山豪さん

日本一の生産量を誇る淡路島の線香をおみやげにいかがですか？

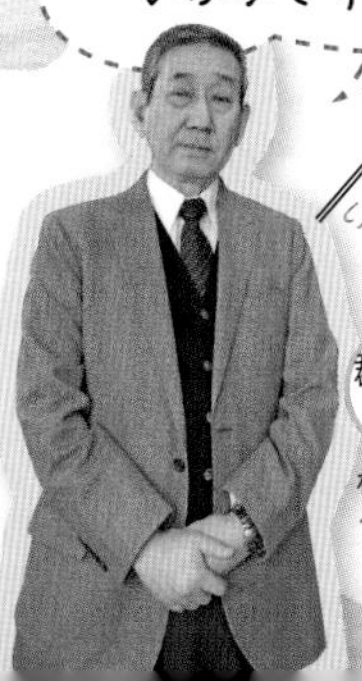

淡路島七福神めぐりを体験してみませんか？

素材にこだわった淡路の食材などを瓦の上で焼く絶品料理が楽しめます！

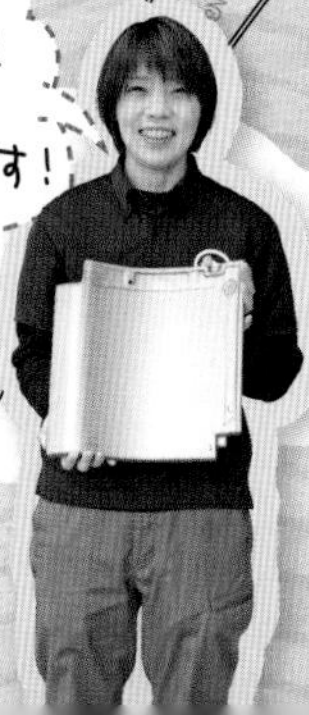

郡家周辺 P.112
梅薫堂
吉井康人さん

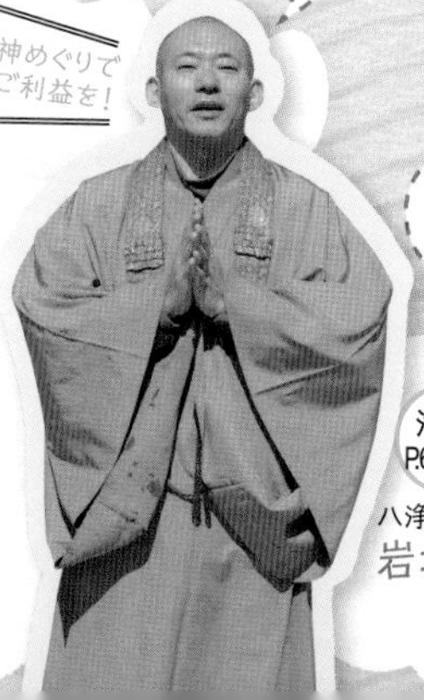

津名 P.60,104
八浄寺 ご住職
岩坪泰圓さん

南あわじ P.49
かわらや
道上愛子さん

島旅×ジブン時間

明石海峡大橋と大鳴門橋で本州・四国と結ばれる淡路島。
瀬戸内海最大の島では、美しい自然に包まれ
慌ただしい日常を、ほんの少し忘れてしまおう。

1

島旅×ジブン時間

国生みの地に残る、美しい自然風景

国生み神話が残る淡路島では、自然の神秘的な力を感じる風景に出合うことができる。
美しい空間に包まれて、心をゆっくりほどいていこう。

2

4

6

3

5

1. 国生みの島・沼島の上立神岩。よく見ると岩にハート形が!
2. 2月下旬から3月上旬にかけて見頃を迎える、八木のしだれ梅
3. 春と秋の大潮の際には世界最大級のうず潮が発生!
4. 沼島のおのころ神社には伊弉諾尊と伊弉冉尊の像がたたずむ
5. 急斜面一面に咲くニホンスイセンは圧巻のひと言!
6. 「淡路橋立」とも呼ばれる、約3kmの砂州でつながる成ヶ島

日本最古の神社・伊弉諾神宮の御神木で樹齢 900 年を超える夫婦大楠

1

【島旅×ジブン時間】

潮風を浴びてリフレッシュ！

穏やかな瀬戸内の海はアクティビティにも最適！
美しい自然のなかで思い切り体を動かしちゃおう。

2

3

4

5

6

1. 明石海峡大橋を望むサイクリングコースも人気
2. SEAMOON RESORT では本格パラセーリングが楽しめる
3. 淡路島うずしお温泉 うめ丸の絶景温泉で癒やされる
4. 海と空によく映える、幸せのパンケーキの「天国の階段」
5. 海水浴もできる FBI AWAJI-First Class Backpackers Inn のビーチ
6. じゃのひれ SUP で SUP 体験。海に向かってダイブ！

上／けいの SUP Terra では、夕日を望みながら幻想的な SUP 体験ができる
下／白砂青松の景勝地・慶野松原は散歩コースとしても最適

1

Traditional

島旅×ジブン時間

伝統を次世代へとつなぐ島の暮らし

伝統芸能、文化、産業と過去から現在、そして未来へとつなぐ——。
島で暮らす人々の強い想いが、心を豊かにしてくれる。

1. 500年以上続く淡路人形浄瑠璃の起源ともされる演目「戎舞」
2. 淡路人形座ではバックステージツアーを開催
3. 島内の7つのお寺を巡る「淡路島七福神めぐり」
4. 谷池瓦産業では瓦割り体験道場で瓦の魅力を発信
5. 「淡路島七福神めぐり」はハッピー券の購入からスタート
6. おいしいタマネギの追求を続ける成井さん

左上／大昔、海だったためミネラル豊富で甘いタマネギができる
右上／梅薫堂では伝統製法で線香作りを続ける工場がある
下／線香作りが盛んな江井浦。淡路島の西岸特有の季節風が、
　　線香作りの重要なファクターに

地球の歩き方
JAPAN
島旅 19

淡路島 改訂版
contents

淡路島 人 インタビュー
Interview

本書の見方

使用しているマーク一覧

交 交通アクセス	休 定休日	観る・遊ぶ
バス停	料 料金	食べる・飲む
住 住所	客室数 客室数	泊まる
電 電話番号	カード クレジットカード	voice 編集部のひと言
FAX FAX番号	駐車場 駐車場	ペット入場・宿泊可
問 問い合わせ先	URL ウェブサイト	ベビーカー入場可
営 営業・開館時間	予約 予約	お子様メニューあり
所要 所要時間		

地図のマーク
- 観る・遊ぶ
- 食事処
- みやげ物店
- 宿泊施設
- 寺院
- 神社
- 温泉
- アクティビティ会社
- 観光案内所
- バス停

※営業・開館時間や定休日が変更になる可能性があります。お出かけ前に各施設・店舗にご確認ください。
※本書に掲載されている情報は、2023年11月の取材に基づくものです。正確な情報の掲載に努めておりますが、ご旅行の際には必ず現地で最新情報をご確認ください。また弊社では、掲載情報による損失等の責任を負いかねますのでご了承ください。
※商品・サービスなどの価格は原則として税込価格で表示しています。
※宿泊料金は特に表示がない場合、1室2名利用時の1名あたりの料金です。また素…素泊まり、朝…朝食付き、朝夕…朝夕食付きを意味します。
※休館日や休業日は年末年始やお盆を省き、基本的に定休日のみ記載しています。

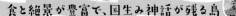

ひと目でわかる淡路島

瀬戸内海最大の島で、国生み神話の伝説が残る淡路島には、
豊富な食材や自然が織りなす絶景が盛りだくさん。
訪れる前に知っておきたい島の基礎知識をご紹介。

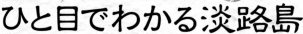

島で〜た

面　　積	596km²
海 岸 線	203km
最高標高	608m（諭鶴羽山）
人　　口	12万4564人

（2022年10月1日現在）

ココ！

島内移動時間（車）

ドライブにより便
利な「淡路島ドラ
イブルートマップ
②」は折り込みMap
②をチェック

岩屋
17分　淡路IC・
淡路北スマートIC
5分
富島　東浦IC SA　10分
7分　浦
16分　北淡IC
郡家　8分　20分
12分　13分
都志　津名一宮IC　志筑
5分　6分　15分
鳥飼浦
10分　淡路島中央スマートIC
湊　洲本IC
40分　8分　洲本
20分　西淡三原IC　15分
7分　40分　由良
阿那賀
淡路島南IC・SA
10分　福良
黒岩　30分
5分
20分　土生

景勝地で夕日を！

P.80

北淡・五色周辺・慶野松原

海辺のカフェなど新しい
施設も多い北淡エリア。
県道31号線は淡路サン
セットラインといわれてお
り、きれいな夕日を望める。

南あわじ市

西淡三原IC

淡路島南IC

うずしおクルーズ

N

0　　　　5km

土生港

沼島

南あわじ・福良

島の最南端に位置し、
福良港を有するエリ
アだけあり、魚介グル
メの質は折り紙つき。
ロケーションのよい宿
も点在している。

P.98

P.85

岩屋・東浦周辺

美術館や植物館など
メジャースポットが多
い岩屋・東浦。海
鮮グルメも豊富。

岩屋港

淡路IC・
淡路北スマートIC

兵庫県立公園・
あわじ花さじき

東浦IC

北淡IC

淡路市

津名一宮IC

淡路島中央スマートIC

洲本IC

洲本市

きれいな海が
一望できる！

津名周辺

P.89

淡路島を堪能できるお店
が充実する津名。味覚狩
りスポットや淡路島なら
ではのおみやげ処も。

歴史スポットも
たくさん

P.92

洲本・由良

淡路島南東部の中心街である洲本。
先山千光寺や洲本城跡などの歴史
スポットが残る。海沿いには紀淡海
峡を望む豪華な宿泊施設が揃う。

沼島

島を1周するおのころク
ルーズに乗り、国生み神
話ゆかりの地を巡ろう。

気になる

ベーシック
インフォメーション Q&A

Q 何日あれば満喫できる？

A 1泊2日以上は滞在したい
瀬戸内海で1番大きな島だけあり、見どころも豊富。関西圏からは日帰りも可能だが1泊以上で滞在するのがいいだろう。アクティビティや文化施設などたくさん楽しみたいなら2泊3日がおすすめだ。

Q 予算はどれくらい必要？

A ホテルや体験施設によりさまざま
夏はマリンスポーツなど体験に選択肢の幅が増えるので、予算は高めに設定。また宿泊施設は民宿から高級宿まで価格帯もさまざまであり、島内の移動で高速道路を利用する場合は値段が変動するので、事前にプランを立てよう。

Q どんな宿泊施設がある？

A 貸し別荘から高級旅館まで
リーズナブルな民宿から高級旅館、キャンプ・グランピング施設まで、いろんなタイプの宿があるので、予算に合わせて選ぼう。近年では貸し別荘も増えているので要チェック。→P.125

Q ベストシーズンはいつ？

A 海遊びも楽しめる6～8月
壮大な花畑をはじめ、豊かな食材や温泉がある淡路島。どの時期に訪れてもいろんな楽しみ方ができるが、SUP体験やイルカとの触れ合いなどの海遊びができる6～8月がベストシーズンだ。

島へのアクセス

**基本は
自動車で
移動**

明石海峡大橋や大鳴門橋など大きな橋が架かる淡路島では車移動が基本。北淡に新たな魅力を発信する施設が集まり、南部には淡路人形座などの文化施設が点在するので、ドライブを楽しみながら島全体を満喫しよう。

**神戸からは
高速バスも
発着**

淡路島へは高速バスが充実しており、神戸からは2時間30分以内で島に到着する。北部を巡る「あわ神あわ姫バス」や南部を走る「淡路交通バス」など路線バスもあるが、スムーズに移動するならレンタカーがおすすめだ。

淡路島の島ごよみ

平均気温 ＆ 降水量

※参考資料気象庁ホームページ
http://www.jma.go.jp/jma/index.html
※気象庁洲本特別地域気象観測所における
　1991 ～ 2020年の平均値
※海水温：海水データは兵庫県立農林水産
　技術総合センター水産技術センター提供。
　観測地点は福良（2011～2020年の平均値）

	1月	2月	3月	4月	5月
淡路島 平均気温（℃）	5.5	5.8	9.2	14.2	19
最高気温（℃）	9.7	10.6	14.3	19.5	24.2
最低気温（℃）	1.7	1.7	4.3	9.2	14.2
降水量（mm）	48.2	67.1	109	117.5	145

東京 平均気温（℃）　降水量（mm）

海水温	11.7℃	10℃	10.5℃	12.5℃	15.9℃

シーズンガイド

オフシーズン

冬 12～2月
島といえども冬場は冷え込むが、この時期にしか見られない花の絶景やグルメが盛りだくさん。

春 3～5月
暖かくなる春以降は観光シーズンに突入。GWは混み合うので、人気店は事前に予約しておくのがベター。

お祭り・イベント
※詳しくはP.110 へ

薬王寺 大鏡餅運び競争（1/12）
重さ約170kgもの特大鏡餅を抱えて歩行距離を競う。四国や関西からも参加者が集まる。

初大黒天祈願大祭（1/26）
淡路島七福神のひとつである、大黒様の秘仏が特別開帳される大祭。

岩屋浦祈祷祈願祭・浜芝居（3月第2日曜）
1年の豊作と豊漁を祈願する祭礼。恵比須様と神輿を乗せた漁船団が海上を行進し、鯛を放流する。

見どころ・旬のネタ
※詳しくはP.121 へ

- ハクサイ
- マダイ　ウニ
- ミカン　イカナゴ
- マダコ　マダコ
- 淡路島タマネギ　淡路島タマネギ
- レタス、キャベツ　シラス
- 淡路島3年とらふぐ
- イチゴ、トマト　ハモ
- ノリ

温暖な気候で、冬でも氷点下を超えることがなく、快適に過ごすことができる淡路島。四季の花を楽しめる名所がいたるところにあり、季節ごとに旬の食材を使用したグルメが堪能できるなど、どの季節に訪れても旅を楽しむことができる。

6月	7月	8月	9月	10月	11月	12月

（㎜）・450

30.6　32.3

26.4　26.6　27.7　28.2
22.4　　　　24.3　　23.9　22.9

18.8　23.4　　　20.5　18.3　16.9　12.3
　　　　　　　　14.6　12.8　8.1
　　　　　　　　　　9　4.4

・300

・150

・0

198.2　182.2　117　223.6　185.6　91.5　75.1

| 19.4℃ | 22.6℃ | 25.6℃ | 25.6℃ | 23.3℃ | 19.9℃ | 15.5℃ |

オンシーズン　　　　　　　　　　　　　　　　　　　　　　　　オフシーズン

雨 ●●●●●●●●●●●●●●●●●●●●🌀🌀🌀🌀🌀🌀🌀🌀🌀🌀🌀🌀🌀🌀🌀🌀🌀🌀　台風シーズン

オールシーズン
楽しめる！

夏　6〜8月
海水浴やマリンスポーツが充実する夏がベストシーズン。日焼け止めや紫外線対策もお忘れなく。

秋　9〜11月
比較的過ごしやすくなる秋のシーズン。サイクリングや自然の風景を満喫するには絶好の季節だ。

愛染祭り（6/30）
寺に祀られる愛染明王の夜祭で、子供たちが提灯をともしてお参りする風情ある祭り。

内膳の火踊り（8/16）
太鼓や鉦、音頭に合わせて縄に結んだ松明を振り回して踊る伝統行事。

弁天祭（11/21〜23）
島内外から3万人以上の参拝者が訪れる、淡路島最大の祭り。

柴燈まつり（8/16）
大松明に太陽光から採った種火をつけ、先祖の霊に祈りをささげる。

水かけ祭り（9月第3日曜）
明治初期から続く伝統行事。海へ飛び込むさまは圧巻。

🏊 海水浴のシーズン

🐟 マダイ

🍊 ミカン

🍎 ハクサイ

🐟 マダコ

🐟 シラス

🐟 淡路島3年とらふぐ

🍓 イチゴ

🍅 トマト

🐟 ノリ

雄大な景色と多彩なグルメを堪能できる島

淡路島をもっとよく知る Keyword

海や山、花の名所など自然あふれる景色が広がる淡路島。
新鮮な魚介や取れたての島野菜など、特産物が豊富なのも特徴だ。
そんな淡路島をもっと楽しむためのキーワードをご紹介。

国生み神話
Kuniumi myth

日本の始まりの地
日本で最初に生まれた国生みの島の伝説が残り、日本遺産にも認定される。淡路島には日本最古の神社、伊弉諾神宮や伊弉諾尊と伊弉冉尊が最初に作った島・オノコロ島だとされる沼島など国生みゆかりの地が点在している。

淡路島タマネギ
Awajishima onion

淡路島で育ったブランド牛
淡路島で生まれ育った兵庫県産但馬牛のなかでも、厳しい認定基準をクリアしたものだけに与えられる称号が淡路ビーフ。淡路島のさまざまな飲食店で、高品質の淡路ビーフを食べることができるご当地グルメの定番。

淡路ビーフ
Awaji beef

淡路島ならではのあま〜いタマネギ
淡路島で栽培されるタマネギは三毛作で行われるのが特徴。温暖な気候と、日照時間の長さにより淡路島のタマネギは甘いと人気だ。また、ドレッシングやオニオンスープなど、タマネギの加工品は淡路島のおみやげとしても定番となっている。

花
Flower

四季折々の美しい花々
温暖な気候で1年中、多彩な季節の花が楽しませてくれる。なかには冬咲きチューリップなど珍しいものも。島の花スポットに花の札を設置、お遍路に見立てて巡る「あわじ花へんろ」（→ P.54）もあり。

温泉
Onsen

うず潮
Whirlpool

迫力満点！世界最大級のうず潮
鳴門海峡で発生するうず潮は大きいものでは直径約30mもあり、世界最大級を誇るもの。海流と月の引力など自然の要素が深く関わるうず潮は、日によって見える時間が異なるのでご注意を。

大地の恵み絶景温泉でのんびり
南あわじ温泉郷や洲本温泉など、温泉地としても知られる淡路島。海が一望できる露天風呂を有した宿はもちろん、日帰り入浴可能な施設も多数。目の前に広がるオーシャンビューと上質な天然温泉で、のんびり湯浴みが楽しめる。

絶景食堂
Zekkei shokudo

美しい景色もごちそう
穏やかな瀬戸内海を望む風光明媚な景色が楽しめるレストランやカフェも多い。地元の食材を生かした料理やスイーツ、ご当地グルメなど、目の前の絶景とともに存分に堪能しよう。

海に沈む夕日の
サンセットライン
淡路島には日本夕陽100選に選定された夕日スポットも多数。淡路島の西側、県道31号線はサンセットラインとも呼ばれるドライブルートや、慶野松原などの景勝地でロマンティックな夕景を観賞しよう。

サンセット
Sunset

キャンプ
Camp

バリエーション
豊かな島キャンプ
近年、近隣エリアからのキャンプ＆グランピングスポットとしても注目を集めている淡路島。ホテルのようなステイが楽しめるラグジュアリーな施設から、本格的なオートキャンプまで、目的に応じて楽しめるキャンプスポットが多数。

祭り
Festival

自然に感謝をささげる
春のだんじり祭り
海山の幸が豊富な淡路島では、その美食をもたらしてくれる自然に感謝をささげる神事も多い。なかでも春に行われるだんじり祭りでは、豪華絢爛な装飾を施しただんじりで街を練り歩く様子は圧巻！ 春の風物詩となっている。

淡路人形浄瑠璃
Awaji Ningyo Joruri

全国に波及した
淡路島の伝統芸能
約500年の歴史を誇る伝統芸能、淡路人形浄瑠璃。江戸時代の最盛期には40以上の座があり、全国各地に興行に出向いた。現在は、淡路人形座（→ P.64）で常設公演されている。

瓦
Tile

7つのお寺を巡って幸運祈願
縁起のよい神様、七福神を祀る淡路島内の7つのお寺を巡る「淡路島七福神めぐり」。車なら5時間程度ですべてのお寺を巡ることが可能なので、1日かけて幸せ祈願の旅もおすすめ。

淡路島の土を使った伝統産業
400年の歴史を有する淡路島の伝統産業「淡路瓦」。現在も南あわじ市を中心に瓦工場が点在する。淡路瓦の粘土を使った彫刻体験や、瓦割り体験道場など気軽に瓦に触れることができる体験スポットも人気。

七福神めぐり
Shichifukujin meguri

しっかり熱して甘〜くなる！

3kg 1134円〜

瀬戸内のとっておき 島みやげ
海&山の恵みがいっぱい！

新鮮な取れたて野菜＆果物や加工品、
地酒など淡路島みやげはおいしいがいっぱい！
島の美食をお裾分けしたり、
自宅で楽しんだりと島の思い出とともに持ち帰ろう。

旬の食材をリーズナブルに！
野菜＆果物
季節の野菜＆果物が道の駅などで手に入れよう。キャンプ前に◎購入も◎！

200円

300円

成井さんちの完熟玉ねぎ
通常の収穫時期よりさらに20日間程度田んぼに置いて成長させ、完熟にすることで甘味がさらにアップ！Ⓐ

葉玉ねぎ
12〜3月の間だけ並ぶ期間限定の葉玉ねぎ。ほかではなかなか出回ることのないご当地ならではの野菜。Ⓒ

見つけたらGet！

津之輝
2009年に登場した新品種で、糖度が高いのが特徴。1月中旬頃から2月下旬に食べ頃を迎える。Ⓑ

島の酒造のこだわりがギュッ
お酒
島の酒造でていねいに造られた日本酒やリキュール類、クラフトビールは大人のおみやげ！

千代の縁
さわやかな香りとまろやかな口当たりの大吟醸の原酒。五味五感をも堪能させるお酒の芸術品！Ⓔ

5885円(720ml)

島の特産品がスープに！
オニオンスープ
淡路島を代表する特産品をお手軽なスープでお持ち帰り！

1080円(20本)

756円(210g)

1760円(500ml)

淡路島なるとオレンジ酒
鳴門オレンジを果皮まですりつぶして使用、日本酒にブレンドした香り豊かなリキュールでさっぱりとした飲み口。Ⓕ

成井さんちの完熟たまねぎ®スープ
成井さんちの完熟たまねぎ®のみ使用、タマネギ本来の甘味が感じられる優しい味わいのタマネギスープ。

成井さんちの完熟たまねぎ®ぽん酢
淡路島ソースを手がける「浜田屋本店」とのコラボ商品。完熟たまねぎのまろやかな甘みを感じられる一品。Ⓐ

BELGIAN WHITE with なるとオレンジ
果皮の強い香りが特徴のなるととオレンジを使用。さわやかな香りが漂い、すっきりと飲みやすいホワイトエール。Ⓖ

たまねぎスープ（コンソメ／ポタージュ）
道の駅あわじオリジナルのオニオンスープはコンソメとポタージュの2種。もちろん淡路島産タマネギ100%使用。Ⓓ

どっちもおいしい！

各498円(10食入り)

737円(350ml)

島の果実を加工品に
ジャム＆シロップ

島の柑橘類の素材をそのまま楽しめる
ジャムやシロップも人気。

2800円 (220ml)

新生姜シロップ
新六ファームのフルーティな新生姜を甜菜糖と一緒にじっくり煮込んでジンジャーシロップに。 Ⓑ

1296円 (135g)

鳴門オレンジの コンフィチュール
5～7月頃に販売される、幻の果実「淡路島なるとオレンジ」のコンフィチュール。初夏限定の逸品。 Ⓗ

国内最大産地の特産品
線 香

島の伝統産業のひとつ、線香＆お香。老舗の線香は贈答品にもぜひ。

ご飯のお供に！
海鮮加工品

島の海の幸を加工品に。
お酒やご飯のお供にぴったり。

1180円 (160g)

初梅 五色香
定番商品・初梅の香りの異なる5色がそれぞれ一束ずつ一箱に。昔ながらの優しいお線香の香りが心地よい。 Ⓚ

5種類の
お線香

1110円 (約110g)

640円 (150g)

春の味覚の
風物詩

新芽海苔の 佃煮
12月下旬～1月上旬しか取れない新芽海苔を生のまま炊いて佃煮に。新芽ならではの軟らかさで格別の食感。 Ⓓ

サワラのツナ缶
五色沖で水揚げされた鰆を使用したツナ缶。昆布だしをベースにエクストラバージンオリーブオイルなどを使い上品な味わいに。 Ⓘ

1320円 (約120g)

備長炭麗 森の かおり
消臭効果のある線香。紀州備長炭木酢液を配合の天然香料で香りは控えめ。梅薫堂の代表商品のひとつ。 Ⓚ

時価

ちりめんじゃこ
昔ながらの天日干しで仕上げた、無添加・減塩にこだわったちりめんじゃこ。炊き立てのご飯に載せてぜひ。価格や在庫などの詳細はHP参照。 Ⓙ

ふるさと納税もチェック！

　出身地やゆかりのあるエリアはもちろん、応援したい自治体に寄付をする制度として、すっかり定着した「ふるさと納税」。寄付額に応じて、その土地の名産品や特産品などが返礼品としてもらえるほか、税金の控除対象にもなるのがうれしい。

　淡路島のふるさと納税は、淡路市、洲本市、南あわじ市がそれぞれ受け付けており、返礼品には、淡路牛をはじめ、淡路島3年とらふぐやタマネギなどの特産品が用意されている。※洲本市は現在受付停止中。
※返礼品は年により異なる。

淡路市
人気スポットが多く人気急上昇中のエリア。淡路牛や野菜などの返礼品は満足間違いなし！
URL https://www.city.awaji.lg.jp/site/kifu/

南あわじ市
自然や文化が残るエリア。特産のタマネギのほか、ウニやフグなど高級食材がめじろ押し。
URL https://furusato-373awaji.jp/index.php

淡路島の美味が
たっぷり！

今すぐ
食べたい

島グルメ

タマネギをはじめ、淡路ビーフやシラス、サワラなど食の宝庫・淡路島。
旬の食材を生かした多彩な料理は、
どの季節に訪れても満足すること間違いなし！
島の美食を味わって。

瀬戸内海の恵みたっぷり！

旬の魚介

シラスやサワラに代表される、淡路島の海の幸。四季折々の新鮮魚介を丼や刺身、寿司などさまざまな料理で楽しませてくれる。

新鮮魚介がたっぷり！
海鮮丼

島の生しらす丼
1100円
ご当地グルメの代表格のひとつ、生シラスは4月下旬から11月末に食べられる。
●お食事処 浜ちどり→ P.69

魚介満載の
贅沢丼！

海鮮丼 1800円
淡路島を中心に水揚げされた海鮮がたっぷり！
日替わりで魚が変わるのは、魚屋直営ならでは。
●うおたけ鮮魚店 やけんど～海鮮どんや→ P.83

海鮮丼
1870円
自家製だれに漬け込んだ新鮮な魚介が豪華に盛りつけられた一品！
●淡路ごちそう館 御食国→ P.95

魚の
満開めし！

海鮮丼
1680円
淡路島の漁港から仕入れた旬の魚を贅沢に盛り合わせた一品。
●ゑびす亭→ P.87

生サワラ丼
1500円
鮮度抜群の生サワラだからこそ、とろけるような味わいが楽しめる。
●新島水産→ P.69

鮮魚が
たっぷり！

日の丸海鮮漬け丼
1760円
特選漬けだれと北坂養鶏場の朝摘みたまごを絡めた新鮮な魚が丼にオン！
●淡路シェフガーデン by PASONA → P.82

新鮮な魚に舌鼓！
寿司＆刺身

旬の魚がいっぱい！

造り定食 2800円
島で取れる魚は種類も豊富。旬の魚をいろいろ食べるなら、刺身の盛り合わせもおすすめ。
●ひらまつ食堂→ P.101

淡路特選にぎり 2420円
港直送の厳選した島の鮮魚は、握りでぜひ。淡路瓦に盛られた見た目も島感満載！
●松葉寿司→ P.100

魚介のうま味たっぷり
鍋料理

うずの丘 海鮮うにしゃぶ
4400円～（時価）
淡路島の生うにをベースにしたスープでしゃぶしゃぶ。贅沢この上ない鍋料理。
●絶景レストラン うずの丘 → P.66

鱧すき・鱧なベコース
8800円～
夏の風物詩といえばハモ。身が引き締まり脂がのったハモを鍋料理で味わい尽くそう。
●淡路島 さと味→ P.100

贅沢に一尾！
鯛そうめん

鯛そうめんコース
昼 5500円、夕 6600円
鳴門海峡の速い潮流にもまれ、身がギュッと締まった真鯛と、淡路島のそうめんの相性抜群。
●あわぢ 阿吽→ P.101

鮮度抜群で美味！
焼き物

食べ応えも満点！

大あさり焼き 800円
ぷりぷりの大アサリを炉端焼きでジューシーに仕上げた逸品。
●山武水産→ P.100

鯛が豪快にど〜ん！

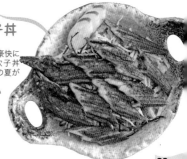

特選穴子丼
1500円
地穴子2匹を豪快にどんと使った穴子丼は、穴子が旬の夏が特におすすめ。
●カフェあおい → P.69

ガツンと食べたい
肉料理

淡路牛や淡路ポークなど、ガッツリ食べたい派におすすめの肉料理。ブランド肉からお店こだわりのお肉まで、大満足な料理はこちら！

こだわりお肉で満足！
焼 肉

ハラミ、テッチャン、ロース（各一人前）
600円、500円、800円

精肉店から仕入れた淡路ビーフなど高品質の肉を、秘伝のたれで召し上がれ。
●あばらや焼肉店→ P.90

特選バラ（一人前）
800円

自家牧場で育てた黒毛和牛をリーズナブルに焼肉で。
●ありい亭 中田店→ P.90

淡路ビーフ 三楽園盛り
24980円（数量限定）

淡路牛のなかでも最高級の淡路ビーフのサーロイン、ヒレとほかの部位2種がセットになった三種盛りは数量限定。
●淡路黒毛和牛焼肉三楽園→ P.90

こだわりの
淡路黒毛和牛を！

贅沢気分で満喫♪
ステーキ

淡路牛を使った
揚げ物

石焼ステーキ定食
（ロース約110g）
4650円～

溶岩石プレートで加熱することで、よりいっそうお肉がふっくらと軟らかく仕上がり極上の口溶けに。
●レストラン大公→ P.68

Donna
選べる洋食ランチセット
1800円

淡路牛を使ったビフカツをはじめ、メンチカツなど、揚げ物料理をご堪能あれ。
● Ladybird Road → P.81

かわらやきランチ
2420円～

淡路瓦を使用し、豚肉のうま味を逃さないように焼くことができる。
●かわらや→ P.49

淡路ビーフをお手軽に♪
コロッケ

島コロッケ **150円**

揚げたてジューシーなコロッケは、タマネギの甘味と肉のうま味で絶品！
●淡路ビーフ新谷 カリヨン店→ P.91

必ず食べたい！
ご当地 バーガー

島を訪れたなら食べておきたいご当地バーガー。地元食材を生かしたバーガーは、小腹がすいたときのおやつにも、お手軽ランチにもピッタリ！

うずまきボルトの
雷チーズバーガー
935 円

「NARUTO&BORUTO 忍里」内にあるラーメン一楽で注文できるチーズバーガー。
●ニジゲンノモリ→ P.86

NARUTO & BORUTO 忍里の限定品。

あわじ島
オニオンビーフバーガー
850 円

全国ご当地バーガーグランプリ１位！ 淡路島産のタマネギカツと淡路牛でボリューム満点！
●あわじ島バーガー 淡路島オニオンキッチン うずまちテラス店→ P.68

島のカフェタイムに
スイーツ

のんびりと過ごす島時間のティータイムに欠かせない、絶品スイーツをご紹介。店内はもちろん、テイクアウトして海辺で食べるのもおすすめ！

イチゴたっぷりで森のよう！

イチゴの酸味がアクセント♪

いちごの森
410 円

ふんわりスポンジに淡路島のイチゴを贅沢に載せたケーキ。
●淡路たかたのケーキ→ P.91

島の恵みが詰まった
アイスキャンディ
380 ～ 450 円

旬素材を贅沢に使用し、添加物を不使用（一部商品のぞく）の手作りアイスキャンディ。
● CANDY SHOP ICE-UP → P.91

国産いちごたっぷりの
ショートパンケーキ
1680 円

ふわふわのパンケーキに国産イチゴとホイップ&ホワイトチョコがオン！
●幸せのパンケーキ 淡路島テラス→ P.66

キュート♡な容器も◎

牛乳アイス、
ジェラート
シングル 350 円、
ダブル 400 円

地元の酪農家直送の生乳など、厳選素材を使った濃厚アイス&ジェラート。
● G.ELM → P.100

イチゴが濃厚！

白雪パフェ
2280 円

新鮮で完熟した自家製いちごをふんだんに使ったパフェが楽しめる。
●グリナリウム グレイナリー→ P.87

あわじ島ミルク
390 円

淡路島の牛乳をベースに店内で作る、フレーバー豊富なジェラート。
●あわじ島アイスクリーム→ P.95

淡路島 島人インタビュー 1
Islanders' Interview

震災の記録と記憶、教訓を風化させないために

震災ミュージアムから災害教育の拠点へ。公園の役割は、ときとともに変化している

北淡震災記念公園 総支配人 **米山正幸**さん（こめやままさゆき）

対象者に合わせて工夫を凝らし、誠心誠意で伝える。それが、米山さんの語り部の流儀だ

鉄工所と魚屋を経て震災記念公園の職員へ

1995年1月17日、午前5時46分。明石海峡を震源とするマグニチュード7.3、最大震度7の兵庫県南部地震が発生。死者6434人、全半壊家屋約25万棟もの被害を出した地震災害は、阪神・淡路大震災と名づけられた。

1998年には、淡路島のなかでも特に被害が大きかった北淡町（現淡路市）に、北淡震災記念公園がオープン。野島断層の保存展示施設をはじめ、写真や映像、体験などを通じて震災の記録と記憶、教

あふれる思いを自制しながらていねいに言葉を発する米山さんの語りは、聞く者の心を打つ

訓を発信している。

現在、公園の総支配人を務める米山正幸さんは、旧北淡町富島地区の出身。今でこそ施設のトップとして運営管理業務に携わり、震災の語り部活動も精力的に行っているが、もともとは自ら望んで就いた職ではなかったという。「地元の富島で地震に遭い、働いていた家業の鉄工所は廃業。震災後は、大型2種の運転免許を取得したり、神戸市東部中央卸売市場の魚屋で修業したりしていました。そんなとき、高校の野球部の後輩から震災記念公園の仕事を紹介されて……。堅苦しい仕事や人前で話すことが苦手なんで、何度も断ってたんですが、周囲のすすめもあって転職しました」

きちんと伝えるために語り部の道を追求

人前で話すことが苦手だったという米山さん。ましてや、自身が震災で目の当たりにした出来事を、人に話し伝える語り部など、絶対に嫌だと思っていた。

「地震の直後から、私は地元消防団の一員として救助活動にあたっていました。瓦礫の山に埋もれた人を

探し続けるなかで、生きているとうれしくて泣き、息がないと悲しくて悔しくて泣き、いろんな感情がグチャグチャになってこみ上げてくるんです。思い出すと、今でも息が詰まりますよ……」

そんな米山さんだが、ある機会を境に、震災の語り部としての使命感を強く抱くようになる。

「私が初めて語り部として人前に立ったのは、2005年の秋でした。語り部の先輩に頼まれて、熊本から大阪へ修学旅行に来ていた中学生の前で語ったのですが、途中で頭の中が真っ白になって……。用意していた原稿を、棒読みでこなすことしかできませんでした。でも、無様で拙い私の話を、多くの先生や生徒が涙を流しながら真剣に聞き入ってくれていたんです。そんな姿を見て、皆さんへの申し訳なさと自分への恥ずかしさを痛感しました。語り部の道を追求しようと決意したのは、そのときです。私の体験や見聞きしたことを、きちんと伝えていかなければ、と」

以来、1000回以上もの講演を重ねる米山さんだが、語り部を追求する真摯な姿勢は変わることがない。

タイプ別、おすすめルートをご紹介

淡路島の巡り方
Recommended Routes

瀬戸内海最大の島、淡路島はサンセットラインのドライブや

サイクリング、文化&歴史に触れる旅など巡り方も多彩。

今回の旅は、どんなスタイルを選ぶ？

息をのむ景色を眺めに!

淡路島絶景ドライブ

2泊3日

海、山など豊かな自然が広がり、四季折々の花々が楽しめる淡路島。3日間かけてじっくりとここでしか味わえない絶景スポットを巡り、島中をドライブしよう。

1日目 絶対に外せない絶景名所案内!

総距離 115km

- ① 10:00 世界最長のつり橋
- ② 11:10 大阪湾を一望
- ③ 13:00 絶景食堂でランチ
- ④ 14:20 絶景SUP体験
- ⑤ 17:00 夕日の名所へ

きれいな景色を見よう!

2日目 絶景レストランをはしごで楽しむ

総距離 23km

- ⑥ 10:30 テラスでモーニング
- ⑦ 12:00 ハローキティに囲まれて
- ⑧ 13:20 海を見ながらランチ
- ⑨ 15:00 新感覚テーマパークへ
- ⑩ 17:30 明石海峡近くで寿司

幸せのパンケーキ♪

3日目 あたり一面に広がるお花畑に感動!

総距離 57km

- ⑪ 10:00 建築と花の融合!
- ⑫ 12:00 淡路ビーフをペロリ
- ⑬ 13:20 香りを楽しむ
- ⑭ 15:00 咲き誇る花々を望む
- ⑮ 16:30 絶景温泉でゆったり

きれいなお花をおみやげに!

1日目 10:00 車で約1時間 → 11:10　車で約1時間15分 →

1 世界最長のつり橋を淡路島から眺める

レストランやおみやげ処などがある「道の駅あわじ」は、明石海峡大橋を眺めるのに絶好のスポットのひとつ。→ P.72

本州と淡路島をつなぐ世界最長のつり橋

2 「洲本城跡」から大阪湾を一望

国の史跡にも指定される山城で、大阪湾を防衛する役割を担った。洲本八景のひとつに挙げられる。→ P.63

天守台からは大阪湾が望める

2日目 10:30 車で約14分 → 12:00　車で約3分 →

6 海際のテラス席で絶景モーニング

穏やかな瀬戸内海が一望できる全席オーシャンビューの「幸せのパンケーキ 淡路島テラス」。→ P.66

ふわふわのパンケーキが自慢のカフェ

7 ハローキティに囲まれてゆるりとしたひとときを

プロジェクションマッピングなど、さまざまな趣向でハローキティを楽しむことができる「HELLO KITTY SMILE」。→ P.81

ハローキティのオブジェが目印

3日目 10:00 車で約32分 → 12:00　車で約15分 →

11 安藤建築と花の融合に感動

淡路島を代表する花の名所「淡路夢舞台」。景色と建築群と花々が三位一体となって織りなす眺めは圧巻。→ P.50

100面もの花壇を斜面に配した百段苑

12 高品質な淡路牛をステーキでいただく

厳しい基準をクリアした淡路ビーフのみを扱う専門店「レストラン大公」。ふっくらと焼き上げたステーキが評判。→ P.68

溶岩石プレートでうま味を閉じ込めている

プランニングのコツ
自分好みの明石海峡大橋を探そう！
明石海峡大橋は、道の駅あわじ、美湯松帆の郷などさまざまな場所から眺めることができる。自分好みの場所を探すのも一興だ。

13:00 → 車で約20分 🚗 → **14:20** → 車で約30分 🚗 → **17:00**

3 絶景レストランで うにしゃぶを味わう

淡路の美食と絶景を一度に堪能できる「絶景レストラン うずの丘」。SNSでも話題となったうにしゃぶを食べよう。→ P.66

窓際の席から鳴門海峡を一望できる

4 広大な海の上で SUPを心ゆくまで

「じゃのひれSUP」では、専用の大きなサーフボードで遊ぶ、スタンドアップパドル体験ができる。→ P.44

淡路島の海をのんびり楽しむ

5 夕日を眺めに 景勝地・慶野松原へ

国の名勝としても知られる「慶野松原」。約5万本の淡路黒松が生い茂る白砂青松の松原で望む夕日は絶景。→ P.79

約2500mの白い砂浜が続く人気スポット

13:20 → 車で約8分 🚗 → **15:00** → 車で約7分 🚗 → **17:30**

8 全国の人気店が 島食材メニューを提供

「淡路シェフガーデン by PASONA」には、約16の人気店が集合。淡路島食材を使った多彩なグルメを堪能。→ P.82

絶景ロケーションで淡路島グルメを味わおう

9 二次元コンテンツが満載 新感覚テーマパークへ

淡路島の自然、漫画・アニメなどの二次元コンテンツ、テクノロジーを融合したテーマパーク「ニジゲンノモリ」。→ P.86

ドラゴンクエストの世界を満喫できる

10 明石海峡大橋と 絶品寿司を堪能

「鮨 希凛 淡路店」で大将自ら明石港と岩屋港で目利きした地魚で握る寿司を、明石海峡を望みながら堪能！→ P.87

寿司は職人技が光る逸品揃い

13:20 → 車で約30分 🚗 → **15:00** → 車で約15分 🚗 → **16:30**

13 ハーバリウムをはじめ お花の体験がめじろ押し

香りに特化したテーマパーク「パルシェ香りの館」。お香や香水づくりなどの体験メニューが用意されている。→ P.52

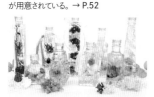

ハーバリウムづくりも体験できる

14 広大な敷地に咲き誇る 四季折々の花々を望む

「兵庫県立公園 あわじ花さじき」では、標高約300mの高原一帯にある広大な花畑を眺めることができる。→ P.51

四季折々の花々が斜面を覆いつくす

15 露天風呂から見る 明石海峡大橋

「美湯松帆の郷」の名物は、明石海峡大橋を一望できる絶景露天風呂。絶景を眺めながらの湯浴みは格別。→ P.53

ライトアップされた橋の夜景も圧巻

島の自然と触れ合う

子供とお出かけプラン

2泊3日

淡路島ではマリンスポーツが体験できるスポットのほか、動物と触れ合える施設がめじろ押し。子供の五感を刺激する、島ならではの自然体験へいざ出発！

1日目 淡路島の醍醐味 海レジャーに挑戦！ 総距離 29km

① 10:00 世界一のうず潮を！
② 12:00 絶品海鮮定食を！
③ 13:20 イルカと触れ合う
④ 14:10 アイスクリームで休憩
⑤ 15:00 締めはSUP体験で！

1日かけて海を満喫！

2日目 牛、ヤギ、お花……etc. 触れ合い＆収穫体験 総距離 61km

⑥ 10:30 実際に搾乳体験
⑦ 12:00 焼肉ランチに舌鼓
⑧ 13:20 季節の花を観賞
⑨ 15:50 小動物と触れ合う
⑩ 17:10 豪華海鮮を堪能

軟らかくてジューシー

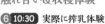

3日目 潮風に吹かれながら 体験スポットを巡る 総距離 48km

⑪ 10:00 陶芸体験に挑戦
⑫ 11:30 猫の墨絵を楽しむ
⑬ 12:30 生パスタを食す
⑭ 14:00 海で大はしゃぎ
⑮ 16:00 おみやげも忘れずに

いろんなおみやげがあるよ

1日目 10:00 車で約11分 → 12:00 車で約11分 →

1 世界一のうず潮を間近で体感

鳴門海峡のうず潮が眺められる「うずしおクルーズ」。自然が生み出すうず潮とクルージングを楽しもう。→ P.46

春と秋の大潮時には世界最大の直径約30m

2 地元民も愛する食堂で絶品海鮮定食を味わう

地元民だけでなく、多くの観光客でにぎわう「ひらまつ食堂」でランチ。コスパの高い鮮魚の定食をいただこう。→ P.101

豊富なメニューが並ぶ大衆食堂

2日目 10:30 車で約30分 → 12:00 車で約20分 →

6 淡路島牧場で乳牛の手しぼり体験

乳しぼりやバター作り、子牛の乳飲まし体験など楽しい体験が盛りだくさんの「淡路島牧場」。→ P.99

ソフトクリームや手作りチーズも販売

7 コスパ満点の焼肉ランチを堪能

「あい亭 中田店」では、自家牧場で育てた黒毛和牛が楽しめる。あっさりとした肉の脂身を堪能しよう。→ P.90

完全予約制なので前日までに予約をお忘れなく

3日目 10:00 徒歩すぐ → 11:30 車で約20分 →

11 陶芸体験に挑戦しオリジナル皿を作ろう！

「淡路市立陶芸館」では、粘土細工や電動ロクロ、絵付け体験などさまざまな陶芸体験を楽しむことができる。→ P.86

淡路島ゆかりの作家のギャラリーも併設

12 かわいらしい猫を多彩な墨絵で表現

「淡路市立中浜稔猫美術館」には、中浜稔氏が描く、猫の墨絵がずらり。作品を通して、猫の愛らしさを再発見。→ P.86

Tシャツやハンカチなど猫グッズも販売

プランニングのコツ
思い出に残る SNS 映えスポットが多数
淡路島には思わず撮影したくなるフォトジェニックなスポットが多数点在。お気に入りの場所を見つけて、旅の思い出をカメラに収めよう。

13:20 　　車で約9分 🚗 → **14:10** 　　車で約20分 🚗 → **15:00**

③ 愛嬌があってかわいい イルカと触れ合う
イルカと触れ合える「淡路じゃのひれドルフィンファーム」。イルカと一緒に泳ぐこともできる。→ P.44

人数制限があるため予約がベター

④ 人気店で味わう 果物たっぷりアイスクリーム
ジェラートの人気店「G.ELM」。地元の酪農家から直送の生乳などを使ったアイスクリームはどれも絶品揃い。→ P.100

季節のフルーツや野菜を使ったものも

⑤ 夕陽百選の景勝地で 絶景 SUP 体験
淡路島随一の景勝地、慶野松原を目前にSUP 体験ができる「けいの SUP」。夕日を望むサンセット SUP をぜひ！→ P.100

7人ほど乗れるメガ SUP も用意

13:20 　　車で約30分 🚗 → **15:50** 　　車で約13分 🚗 → **17:10**

⑧ 四季折々の花と 触れ合うテーマパーク
季節の花が観賞できる「あわじ花の歳時記園」。つみたてのフレッシュハーブティが楽しめるカフェ「ととや」も併設。→ P.90

夏は 4000 株 80 種のアジサイが咲き誇る

⑨ ロバ、ヤギ、ウサギなど 小動物と触れ合う
乳しぼりや餌やりを通していろいろな動物との触れ合いを楽しめる「淡路カントリーガーデン」。→ P.81

ロバをはじめ、小動物と触れ合える

⑩ 島の新鮮魚介を使用した 豪華海鮮を満喫
仮屋港、岩屋港で水揚げされる魚介料理を提供する「ゑびす亭」。ハモ料理などをお手頃価格で食べることができる。→ P.87

淡路島産の鯛を使った宝楽焼コース（要予約）

12:30 　　車で約15分 🚗 → **14:00** 　　車で約35分 🚗 → **16:00**

⑬ 老舗製麺会社直営店で 生パスタをいただく
生パスタと淡路島の旬の食材を生かした本格イタリアンとオーシャンビューが楽しめる「PASTA FRESCA DAN-MEN」。→ P.67

約 30 種類の生パスタから選べる

⑭ スリル満点！ ジェットボートで大はしゃぎ
関西最大級のマリン施設「SEAMOON RESORT」。ジェットボートをはじめ、パラセーリングなど多彩な体験が可能。→ P.44

海が満喫できる体験にチャレンジ

⑮ 道の駅に立ち寄り おみやげを探そう！
「道の駅東浦ターミナルパーク」は物産館や産地直販所があり、おみやげを購入するには絶好のスポットだ。→ P.72

淡路島産の農作物が多数揃う

脈々と受け継がれる

歴史と文化を体感する3日間

2泊3日

歴史や文化、伝統産業が残る淡路島。国生みゆかりの地をはじめ、約500年の歴史をもつ人形浄瑠璃など、脈々と受け継がれる伝統をスポットを巡りながら体感しよう。

1日目 国生み神話をたどり ゆかりの地を巡る

総距離 57km 🚗

- ① 9:00 沼島を1周
- ② 11:30 生サワラ丼をかき込む
- ③ 13:20 先山千光寺に登る
- ④ 13:50 天照大神ゆかりの地
- ⑤ 15:50 縁結びの神社へ

ボリュームも満足！

2日目 淡路島に根付く 文化を楽しむ1日

総距離 14km 🚗

- ⑥ 11:00 淡路人形浄瑠璃を鑑賞
- ⑦ 12:00 手延べそうめんを体験
- ⑧ 13:00 海鮮でランチ
- ⑨ 14:20 淡路人形浄瑠璃を学ぶ
- ⑩ 15:30 新鮮野菜をゲット

いろんなタマネギ発見！

3日目 暮らしに寄り添う 島の産業を求めて

総距離 44km 🚗

- ⑪ 10:30 瓦を使った体験
- ⑫ 11:30 かわら焼きを食す
- ⑬ 13:00 老舗のお香を購入
- ⑭ 14:00 吹き戻しを作る
- ⑮ 15:10 地酒をおみやげに

歴史ある お酒をどうぞ

1日目 9:00 フェリーで約10分🚢＋車で約30分🚗 → 11:30 車で約35分🚗＋徒歩で約10分🚶

1 沼島の周りを 漁船でクルージング

国生み神話ゆかりの地が多く残る「沼島」では、漁船で島を1周するおのころクルーズに乗るのがおすすめ。→ P.58

船上から眺める上立神岩は圧巻

2 卸会社のプロデュース店で 生サワラ丼をかき込む

鮮度抜群の生サワラ丼を提供する「新島水産」。さっぱりとしたなかにも甘さがあり、脂がほどよく乗った切身は絶品！→ P.69

丼中央のタマネギのマリネとも相性抜群

2日目 11:00 車で約4分🚗 → 12:00 車で約4分🚗

6 500年の歴史をもつ 淡路人形浄瑠璃を鑑賞

淡路島の伝統芸能・人形浄瑠璃の常設劇場「淡路人形座」。バックステージツアーも開催されている。→ P.64

始まりは約500年前と伝わる人形浄瑠璃

7 昔ながらの製法 手延べそうめんを体験

「楓勇吉商店」では手延べそうめん作りの箸分け門干し工程の体験と、釜揚げしたそうめん料理が堪能できる。→ P.100

体験は予約が必要なのでご注意を

3日目 10:30 徒歩で約1分🚶 → 11:30 車で約30分🚗

11 瓦を使った 珍しい体験に挑戦

「かわらや」では、淡路瓦に使用する淡路島で取れた粘土を使って、思いおもいの彫刻を施すことができる。→ P.49

さまざまな種類の瓦から選べる

12 滅多にお目にかかれない かわら焼きを味わう

淡路瓦を使い、地元食材などを七輪で焼くかわら焼きも楽しむことができる「かわらや」でランチしよう。→ P.49

厳選された豚肉などを瓦で焼こう

プランニングのコツ

おのころクルーズは予約必須！

漁船を使ってクルージングするおのころクルーズは予約必須。そのほか、予約がベターな施設もあるので事前に調べておこう。

→ **13:20**　　徒歩で約5分 → **13:50**　　徒歩で約15分 + 車で約30分 → **15:50**

3 国生み神話が残る
先山千光寺へ

伊弉諾尊と伊弉冉尊が最初に作った山と伝わる先山山頂にたたずむ「先山千光寺」。境内からの眺めも美しい。→ P.93

国の重要文化財に指定される梵鐘がある

4 深い緑に囲まれた
天照大御神ゆかりの地

千光寺の奥にある「岩戸神社」。巨石に大きな割れ目があることから、天照大御神が隠れた天岩戸だといわれている。→ P.59

巨石が御神体の神社

5 縁結びとしても有名
おのころ島神社で参拝

伊弉諾尊と伊弉冉尊が祀られる「おのころ島神社」。縁結びのパワースポットとして知られカップルも多く訪れている。→ P.59

日本三大鳥居のひとつの大鳥居も見もの

→ **13:00**　　車で約15分 → **14:20**　　車で約10分 → **15:30**

8 福良港近くで
絶品海鮮を堪能

福良港のほど近くにある「山武水産」。魚介本来の味を楽しめる海鮮炉端焼きと丼メニューが堪能できる。→ P.100

ぷりぷり食感が絶妙な大あさり焼き

9 淡路人形浄瑠璃について
しっかり学べる資料館

人形浄瑠璃の魅力を発信する「淡路人形浄瑠璃資料館」。淡路人形浄瑠璃をより深く知ることができる。→ P.65

人形浄瑠璃に関する道具などを展示

10 生産者から届く
新鮮野菜をゲット

生産者から届く淡路島の食材を販売する「美菜恋来屋」。新鮮野菜をはじめ、淡路ビーフや鮮魚などが揃い踏み。→ P.73

鮮度抜群の食材を直売所価格で

→ **13:00**　　車で約30分 → **14:00**　　車で約8分 → **15:10**

13 約170年続く
老舗のお香を購入

淡路島の伝統産業、線香作りを受け継ぐ「株式会社梅薫堂」。最新技術を用いた「備長炭麗」シリーズなど多彩。→ P.83

創業嘉永3年の歴史あるお店

14 大人でも楽しめる
吹き戻しを作る

昔懐かしい吹き戻しの国内製造トップシェアを誇る「吹き戻しの里」で製作体験。工場も見学できる。→ P.86

6本の吹き戻しを作ることができる

15 淡路島の風土を生かした
地酒をおみやげに

145年以上前から地酒「千年一」や「千代の縁」などを造り続ける「千年一酒造」。利き酒体験なども行っている。→ P.88

明治から受け継ぐ伝統の酒

淡路島 島人インタビュー 2
Islanders' Interview

大鳴門橋がまたぐ鳴門海峡で巨大な渦を巻く鳴門のうず潮。自然が生み出す海の神秘だ

全島民が誇りをもって
うず潮を世界自然遺産に！

海岸クリーンアップ活動は、うず潮を通じて淡路島の海をあらためて見つめ直す機運にも

NPO法人うず潮世界遺産にする淡路島民の会 事務局長　山口 平（やまぐち おさむ）さん

世界最大級のうず潮を地域の宝として次代へ

　淡路島と四国の間、鳴門海峡で発生するうず潮。その文字どおり、海上で潮が大きな渦を巻く奇観は、古くから多くの人々の心を引きつけてきた島内屈指の名所だ。また、歌川広重や葛飾北斎の浮世絵、シーボルトの著書にも描かれるなど文化的な役割も果たしてきた。

　そんな島の誇りであるうず潮を、世界自然遺産に登録しようという動きが広まっている。その中心的存在として活動を牽引しているのが、市民団体「NPO法人うず潮世界遺

産にする淡路島民の会」の事務局長、「うずじい」こと山口平さんだ。

　「鳴門海峡のうず潮は、1.3kmの狭い海峡幅や特殊な海底地形、日本最速で世界三大潮流のひとつにも数えられる急流、月の引力による潮の干満など、多彩な要素が組み合わさって生まれる自然現象です。最大直径は約30mに達することもあり、渦の大きささは世界最大規模を誇っています。また、7つの渦が並ぶ『渦蓮』や反対方向に巻く渦が一対で進む『渦対』など、世界的にも珍しい現象が見られるのも特徴です。私たちは、このうず潮を地域の宝として次代に残していかなければなりません」

全島民が自分事として誇りをもてるために

　島民の会では、2012年の発足以来さまざまな活動を通じて、機運醸成に取り組んでいる。そのひとつが、山口さん自ら講師として小学校へ出向く、うず潮出前授業だ。

　「具体的に活動を始めてみて痛感したのは、島民の皆さんがうず潮に対して無関心なことです。そこで、まずは島の未来を担う子供たちに、

うず潮について楽しみながら学べる渦巻造先生の出前授業は、小学生たちにも大好評

うず潮を誇りに感じてもらいたいと考え、島内の小学校を訪ねて5・6年生を対象にうず潮の授業を行っています。私のような年寄りが堅苦しい授業をしてもおもしろくも何ともないので、白衣と博士帽、渦巻き模様のサングラスで教壇に立つんです。ちなみに、講師としての名前は『渦巻造（うずまくぞう）』といいます（笑）」

　また、淡路島を取り囲む紀淡海峡、明石海峡、鳴門海峡の3海峡に面した海岸での清掃活動『3海峡クリーンアップ大作戦』も展開。うず潮の発生は、科学的調査で3海峡の潮流が関与していることが明らかにされているからだ。

　「うず潮は、淡路島全体の宝。鳴門海峡周辺地域以外の人にも、自分事として誇りをもってもらいたい。私の体が動く限りは、島中を駆け回りますよ！」

　「うずじい」と「渦巻造先生」の情熱が、世界へ通じることを願う。

さて、島にきて何をしましょうか？

淡路島の遊び方
How to Enjoy

マリンスポーツにキャンプなどのアクティビティから

淡路人形浄瑠璃や遺跡まで、淡路島をバラエティ豊かな
楽しみ方でとことん満喫しよう！

島時間が流れる宿で
暮らすように泊まる

目の前に海を望むヴィラやデザイン性の高い宿など、貸別荘が続々と増え続ける淡路島。機能性と快適性もあり、そして景色や空間をひとり占めできる宿泊施設へ。

目の前に海が広がる

大きな窓からは、一面に広がる海を望むことができる

南あわじ

遮るもののない美しい海を望み
悠々自適に過ごす贅沢なひと時

SolaVilla
そらゔぃら

淡路島の西海岸を南北に走る「淡路サンセットライン」を抜け、さらに海沿いを南に走ると全15棟のヴィラが現れる。全室オーシャンビューで、非日常感を味わえると人気の宿泊施設だ。80㎡の広々とした空間とジャグジーが付いたテラスでゆったりと滞在できるスイートヴィラなど、部屋のタイプは全部で3つ。そのすべてに調理器具や食器、調味料が備え付けられ、木製のテーブルや座り心地のいいソファなど、家でくつろぐように過ごせる。そのうえ、肌触りのいいベッドや充実のアメニティなどホテルの快適さも兼ね備え、眼前に海が広がるテラスにはBBQコンロも設置。最高のロケーションのなか、思いおもいの過ごし方ができる。

上／朝食は2種の特製サンドイッチや淡路島ヨーグルトなどを用意 左／スイートヴィラのテラス。ジャグジーにつかり、ラグジュアリーなステイを満喫することができる

広々とした非日常空間

上／スイートヴィラには、小上がりスペースのベッドスペースのほか、寝室もあり、最大7名まで宿泊できる 右／白を基調とした洗練されたリビング

MAP P.98B1 ⊗ 西淡三原ICから車で約8分
⌂ 南あわじ市湊1131-1 ☎ 050-3533-0606
⌚ in15:00／out11:00 ¥ 朝夕4万900円〜
客室数 15室 カード 可 駐車場 あり URL solavilla.jp

voice 冬限定でお鍋セットを用意。メインの具材は淡路島3年とらふぐ。通常養殖のとらふぐより1年長く育てることで身が締まり、白子もたっぷりなのが特徴で、淡路島の冬の味覚として知られている。特製ポン酢やもみじおろしとともにてっさやてっちりでご堪能あれ。

貸別荘での過ごし方

機能性抜群のヴィラでは、さまざまな過ごし方が可能。島食材で自炊したり、愛犬とのんびりしたり、自分好みの時間を満喫しよう。

手軽に贅沢BBQを堪能

和とフレンチの2名のシェフが監修したBBQセットは、淡路ビーフの肩ロースや淡路鶏のもも肉をはじめ、ホタテなどの海鮮盛り合わせなど豪華な内容。タマネギのポタージュや真鯛のカルパッチョなどオードブルも絶品揃い。

左／オーブンやホットプレートなどの家電も設置 下／トマトのパスタや鯛のカルパッチョなど島食材を使って自分の好きな料理を作ろう

淡路の恵みがいっぱい

上／Weber製のふた付きのBBQコンロで焼いた肉は、ジューシーでうま味たっぷり 左／ボリューム満点の内容に満足必至

島食材で料理を楽しむ

島の食材を思う存分味わいたいなら、システムキッチンを利用して自炊しよう。調味料も用意されているので食材を持ち込むだけで簡単な料理なら作ることができる。産直所や島食材を使った加工品の店はP.70〜73をチェック。

季節に応じて変わる カフェでのんびりと

春夏と秋冬で形態の違うカフェを利用できる。春夏は海と空が広がるガーデンでドリンクとジェラートを満喫でき、秋冬はラージヴィラをカフェスペースへと様相を変え、ハンバーガーなどを楽しめる。

上／ビーチサイドガーデンには、デッキチェアがありリゾート気分を味わえる 中／ブラッドオレンジジュースやレモネード各650円などSNS映えするドリンク多数 左／秋冬は室内カフェへとチェンジ

愛犬と一緒 にくつろぐ

ラージヴィラのうち4棟は愛犬と同泊できるのもうれしいポイント。オプションでレンタルプールの貸し出しもあり、愛犬を目いっぱい遊ばせることができる。なお小型・中型犬の2匹までなのでご注意を。

ワンちゃんも大満足

上／愛犬も落ち着いて泊まれる客室 右／ケージをはじめ、コロコロテープやペットシーツ、食器など愛犬用のアメニティも豊富

隣接の堤防で釣りを満喫

ヴィラ近くの堤防では、釣りを楽しめる。アジやイワシなどが泳いでいるほか、秋にはアオリイカが釣れることも。釣具のレンタルはないので持参しよう。

潮風が気持ちいい

釣った魚をすぐに調理することも

1日中見ていられる！

大開口の窓から遮るものなく港の景色を堪能できる

ダイニングにはキッチンやバルミューダ家電があり自炊も可能

上／6名宿泊可能な「SUITE.」2階には最大4つのシングルベッドが並ぶ　下／バスルームも一面ガラス張り。絶景を眺めながら極上のバスタイムを

出張サービスで贅沢なディナータイムを

夕食には、淡路島の名店・熟成魚専門店「FUKUototo」や島フレンチ「はんぐりー」の出張サービスを用意。板前やシェフが部屋まで出向き、旬の食材を駆使した料理を提供する。プロのパフォーマンスを目の前に楽しむディナーは極上のひととき。1名1万8000円（2名より）。

福良

海を望む絶景と美食で非日常体験

designer's villa EDGE
でざいなーず うぃら えっじ

淡路島に拠点をおく建築家・平松克啓氏が設計した一棟貸しヴィラ。「SUITE.」「COZY.」とふたつ並んだ三角形の建物が特徴だ。内装は、和紙やタイルなど淡路島の素材を取り入れたラグジュアリーな空間。リビングや寝室は一面ガラス張りになっていて、1日中福良湾の絶景を楽しみながら過ごせる。

MAP P.98A2　**交** 淡路島南ICから車で約10分　**住** 南あわじ市福良丙773-53　**電** (0799) 53-1641　**時** in15:00〜18:00／out10:00　**料** 素2名1室4万5000円〜　**客室数** 2室　**カード** オンライン決済のみ　**駐車場** あり　**URL** villa-edge.com

---

床でもくつろげそう

リビングには映画などが楽しめるプロジェクタを完備

左上／インテリアにもこだわる寝室は和室と洋室の2部屋　右上／洗面、トイレ、シャワーがひとつの空間に　左／オリジナルの焚火台を使った焚火スペース

東浦

竹林を目の前にしたサウナが自慢

simanoyadoya
しまのやどや

古民家をフルリノベーションした一棟貸しの貸別荘。自然豊かな山間にあり、宿泊者だけのプライベート空間が保たれている。こだわりは、貸別荘としては関西最大級の10mある広々としたサウナ。4mの座面では、寝そべったりストレッチをしたりゆったりした時間が過ごせる。ペット同伴可。

MAP 折り込みMap①　**交** 東浦ICから車で約8分　**住** 淡路市中持531-3　**電** 090-5641-8768　**時** in16:00／out11:00　**料** 素2名1室7万4900円〜　**客室数** 1室　**カード** 可　**駐車場** あり　**URL** simanoyadoya.com

BBQもサウナもできる広々としたテラス

サウナの前にあるテラスには、チラー完備の水風呂があり、ビーチチェアに寝転んで外気浴もできる。また、Weber社の電気グリルを無料貸し出ししているので、食材を持ち込めば本格的なBBQを満喫。竹林や満天の星を眺めながら、チルタイムを楽しもう。サウナは水着着用で。

---

voice オプションでドッグステイもできる「designer's villa EDGE」。2棟とも、一面芝生のプライベートガーデンが付いているので、ワンちゃんも思い切り遊べる。ケージやペットベッド、フードボールなどアメニティも充実している。1匹3300円、最大3匹まで。

洲本

シンプルステイならココ！

MAGATAMA.INN

まがたまどっといん

シックでオシャレ〜

洲本の城下町にたたずむ静かなロケーションが魅力。内装は木材をメインに、素朴な資材を使った落ち着きある空間。客室は1階の「DOMA SUITE」と、2階の「WOOD SUITE」からセレクト。一棟貸しでも利用できる。浴室はバスタブなしのシャワールームなのでカジュアルに宿泊したい人におすすめ。

街なかへのアクセスが便利

おしゃれなショップが並ぶ「洲本レトロこみち」からすぐなので、夕食やおみやげ選びに出かけよう。大型スーパーからも近く、買い出しして料理するのもオススメ。

左上／床がコンクリート土間仕上げになった「DOMA SUITE」は、クイーンベッドが2台
左／天井が高く、ロフトベッドとシングルベッドがある「WOOD SUITE」は6人部屋

MAP P.92B2　**交** 洲本ICから車で約10分　**住** 洲本市山手3-3-9　**電** 090-7968-2152　**時** in15:00〜18:00／out10:00　**料** 素1室1万8000円〜　**客室数** 2室
カード オンライン決済のみ　**駐車場** あり　**URL** instagram.com/magatama.inn

津名

古民家＆サウナでのんびり

淡路島 サササウナ

あわじしま さささうな

築90年を超える古民家を改装。その名のとおり、庭先にはサウナ小屋が設置され、存分にサウナタイムが楽しめる。リビングは、ソファが置かれた広々とした空間。縁側や土間などがありノスタルジックな気分にも浸れる。ベッドには寝心地抜群のKoalaマットレスを採用。

田舎の家に来たみたい！

左／アカシア無垢材の床、一枚板のテーブルと古さのなかに新しさも
左下／土間にも薪ストーブを設置。揺れる炎を見ながらの〜んびり

薪ストーブサウナをひとり占め

オプションのハーブロウリュには、11種類のタイハーブを煮出した水を使用。香りのよいハーブの蒸気浴が楽しめ、体の中からしっかりデトックスできる。

MAP P.89C1　**交** 東浦ICから車で約15分　**住** 淡路市生穂1359　**電** なし
時 in15:00〜20:00／out11:00　**料** 素2名1室3万4000円〜　**客室数** 1室
カード オンライン決済のみ　**駐車場** あり　**URL** sasasauna.jp

岩屋

小さな子供連れにおすすめ！

みのり庵

みのりあん

おもちゃがいっぱい！

ホストの家に宿泊する民泊施設。「子供が主役になれる宿」がコンセプトで、客室は子供が遊べる楽しい空間。個室とトイレ、浴室は宿泊客専用なのでプライベートもバッチリ。周辺には大型公園や観光スポットも多く、明石海峡大橋を眺めながらの散歩も楽しめる。

子供も大満足なキッズスペース

台所セットや絵本があり、小さな子供もテンションアップ！トランポリンやハンモックチェアもあり、部屋にいても飽きずに過ごせる工夫が満載。

上／滑り台がある和室は縁側とつながり開放的
下／ダブルベッドがふたつ並ぶ落ち着いた空間

交 淡路ICから車　※詳細は予約時に確認　**住** 非公開　**電** 080-3181-3848　**時** in15:00〜／out10:00
料 素2名1室1万6500円〜　**客室数** 1室　**駐車場** あり　**URL** minorian-awaji.com

voice 「みのり庵」の詳しい場所は、予約の際に確認する仕組み。子供に優しい宿泊施設なのは、ホスト家にも小さな子供がいるから。ファミリーにおすすめの観光スポットも教えてくれるので、ぜひ聞いてみよう。住宅街にあるので夜の物音には注意を。

洗練された空間を楽しむ
名建築ステイ

淡路島にある世界的建築家が手がけたふたつの宿泊施設を紹介。斬新なデザインにアートを感じ、非日常とともにリラックス気分が味わえる空間だ。

北淡 / **坂茂設計**

森に囲まれたウッドデッキで心を癒やすリトリート体験
禅坊 靖寧
ぜんぼう せいねい

　森の中に延びる全長100mのウッドデッキを有するダイナミックなデザインが目を引く施設。見渡す限り広がる淡路島の四季折々の景色を堪能しながら、"空中禅"が体験できる。まずはウェルカムドリンクでデトックス。スケジュールに沿って、禅や茶道、書道などのプログラムをこなしていく。食事は、地元素材がふんだんに盛り込まれ、醸造調味料でじっくり調理する禅坊料理を用意。木のぬくもりと香りに包まれながら、日常を忘れて心と体を癒やしたい。

MAP P.80B1　**交** 淡路ICから車で約5分、岩屋港・淡路ICから無料シャトルバスあり　**住** 淡路市楠本字字中2594-5　**電** (0799)70-9087　**時** in 15:00～15:30/out 10:00 ※プランにより異なる　**料** 朝夕1名1室4万8000円～　**客室数** 18室　**カード** 可　**駐車場** あり　**URL** zenbo-seinei.com

---

有名建築家が設計した 淡路島の名建築を巡ろう！

北淡 自然と融和した心安らぐ空間　**坂茂設計**

農家レストラン 陽・燦燦
のうかれすとらん はる・さんさん

テラス席のみ

温度調整ができる茅葺屋根と自然に還る素材の紙管を使いサスティナブルを意識。店内はペンダントライトであたたかみを演出している。野菜を中心に地産地消料理を提供。

MAP P.80A1　**交** 淡路ICから車で約10分　**住** 淡路市野島常盤字源八1510-4　**電** (0799)70-9082　**時** 11:00～18:00（L.O.17:00）　**休** 水曜　**カード** 不可　**駐車場** あり　**URL** www.awaji-nlr.com

東浦 花と海の絶景を満喫　**安藤忠雄設計**

淡路夢舞台
あわじゆめぶたい

※禁止エリアあり

安藤忠雄がグランドデザインを手がけた複合施設。自然と人の共存をコンセプトに、山の斜面に沿って階段状に花壇が並ぶ百段苑や、里山の風情が楽しめる遊歩道 プロムナードガーデン、ステージの向こう側に大阪湾が広がる野外劇場、淡路島の海の幸を堪能できるレストランなどが併設。季節の花や海の絶景を楽しみながら安藤建築を満喫できる。DATAはP.50

---

voice 「禅坊 靖寧」では、日本杉を組み合わせて作られたウッドデッキ、木の香りが残る床など、いたるところで木に包まれるような感覚に。朝は6時30分の起床とともに雑巾がけでスタート。生まれ変わった自分に出会えそうだ。日帰りやアフタヌーンティプランもあり。

【津名】 安藤.忠雄設計

小高い山の上に建つ
自然と調和する隠れ家的リゾート

TOTOシーウィンド淡路
とーとー しーうぃんどあわじ

安藤建築らしいコンクリート打ちっぱなしの外観が特徴。約100mの高低差がある、約45度の急斜面に建っており、館内にいると海との一体感が味わえる。エントランスが8階にあり、ロビーのある7階からは大阪湾や朝日を一望。テラスやプールからも美しい景色を見ることができる。下層階に配置された客室は、洋、和、メゾネットの3タイプ。海は見えないが、広い窓から日差しが降り注ぎ開放感にあふれている。夕食は、季節の食材を使った和洋会席が人気。

MAP P.89B3 交 津名一宮ICから車で約15分 住 淡路市里573-14 電 (0799) 62-7105 時 in 15:00/out 10:00 料 素1室2名7700円〜 客室数 14室 カード 可 駐車場 あり URL seawind-awaji.jp

---

レストランから公園、寺院まで、淡路島には有名建築家による建物が点在。島の名建築をコンプリートしよう!

【東浦】 蓮池の下に本堂が! 安藤.忠雄設計

本福寺水御堂
ほんぷくじみずみどう

平安時代創建の古刹に、1991年、安藤忠雄が手がけた新しい本堂・水御堂が完成。楕円形の蓮池の中央にある階段を降りると、地下に本堂があるという斬新な寺院。

MAP P.85C2 交 東浦ICから車で約5分 住 淡路市浦1310 電 (0799) 74-3624 時 9:00〜17:00 休 無休 料 大人400円、中学生以下200円 カード 不可 駐車場 あり

【南あわじ】 恒久平和を願う都市公園 丹下健三設計

若人の広場公園

第2次世界大戦の戦没学徒鎮魂の塔「慰霊塔・永遠のともしび」が山頂にそびえ立つ。ペン先をモチーフにした高さ25mの印象的な建築物だ。福良湾を望む景色も◎。

MAP P.98B2 交 淡路島南ICから車で約20分 住 南あわじ市阿万塩屋町2658-7 電 (0799) 43-5227 (南あわじ市役所) 時 9:00〜17:00 休 無休 料 無料 駐車場 あり URL city.minamiawaji.hyogo.jp/site/wakoudo

voice 「TOTOシーウィンド淡路」の館内には、窓から見える風景、プールに映るリフレクション、エレベーターまでの渡り廊下など、写真映えスポットがめじろ押し。朝食には炊きたての窯炊きご飯が用意され、料理長厳選のご飯のお供や卵かけご飯で味わえる。

次々と誕生する

グランピングを満喫

関西のリゾート地として人気の淡路島に、近年続々とグランピング
施設が誕生。冷暖房やシャワーブース、トイレも個別に完備され、
初心者でも安心な施設ばかり。プライベートも重視された空間で、
家族や仲間とのんびり過ごそう。

愛犬用
ケージも！

上／太陽光いっぱいのドームはさわやかな雰囲気
中／10万㎡の敷地に 2100 本ものオリーブの木が
並ぶ 下／しっかりした建屋になった BBQ スペース

2023年7月
OPEN

東浦

Olive GLAMP淡路島Virgin Valley

おりーぶ ぐらんぷあわじしま ばーじんばれー

オリーブの木に囲まれた農園で宿泊

※2棟のみ　※夕食のみ

　広大なオリーブ農園の中にグランピング施設が誕生。アウトドアガーデン付
きやドッグラン付きなど個性的な 4 棟が揃う。客室には全天候型のプライベー
トダイニングとファイアーピットが完備され、天候を気にすることなくBBQなど
が楽しめる。敷地内には、フリーキャンプサイトも。

ここが
POINT!
宿泊者には、自家農園で作ったオリーブオ
イルミニボトルをプレゼント。2 つの国際
的なコンペティションで最優秀賞を受賞した逸品をぜひ。

MAP P85C1　⊗ 淡路 IC から車で約 13 分
住 淡路市楠本 2905-15　☎ 080-3861-0535
時 in 15:00 ～ 18:00 ／ out 10:00　料 素 1 室
2 名 1 万 7800 円～　客室数 4 棟　カード 可
駐車場 あり　URL awaji-domeglamping.com

上／愛犬と宿泊できる専
用ドッグラン付きドームテ
ントも 下／海と平行し
て横並びに立つ

2023年3月
OPEN

南あわじ

るりいろヒルズ淡路

るりいろひるずあわじ

オーシャンビューを満喫

※1棟のみ

　播磨灘を望む小高い丘の上に立つ絶好のロケーション。
7 棟すべてのドーム型テント客室から、オーシャンビューが
楽しめる。各ドーム横には、雨でも BBQ が楽しめる全天
候型食事スペースや展望スペースを設置。シャワーブース
やトイレもある完全プライベート空間だ。

瑠璃色の
海がステキ！

ここが
POINT!
4 棟ある「るりいろテント」
には、大きな樽型のバレ
ルサウナを完備。本格フィンランド式サウナ
で、セルフロウリュ体験もできる。

MAP P98A1　⊗ 西淡三原 IC から車で約 10 分　住 南あわじ市津井 1890-1
☎ (050)3135-2324　時 in 15:00 ～ 19:00 ／ out 10:00　料 素 2 名 1 室 1 万
4420 円～　客室数 7 棟　カード 可　駐車場 あり　minamiawaji-glamping.com

サウナや焚火で大充実!

左／150㎡ものテラスを備える「koko」 上／客室も白を基調とした洗練された空間 下／淡路島の素材を詰め込んだ食事付きプランもあり

2023年3月 OPEN　五色

MOUNT LAKE re:sort
まうんと れいく り・そーと

自然に囲まれた別荘のような空間

　湖畔を望む「koko」と森に囲まれた「kiki」の2棟からなる施設。どちらも自然の中にたたずみ、日常の喧騒を忘れさせてくれる。アートなデザイン建築の建物のほか、ドームテントやテントも設置されているので、お好みの空間で過ごそう。ゆっくりくつろげるグランピング専用サウナも併設。

ここがPOINT!　広々とした「koko」のテラスには、白を基調としたモダンな焚火台を設置。ゆらめく炎を囲んで、ゆっくりとした時間が過ごせる。

MAP 折り込み Map ① **交** 津名一宮 IC から車で約 15 分 **住** 洲本市五色町鮎原中邑 167 **電** 080-1991-6168 **時** in 15:00 〜 18:00 ／ out 11:00 **料** 素 1 室 1 名 2 万 1000 円〜 **客室数** 2 棟 **カード** 可 **駐車場** あり **URL** mount-lake.com/re-sort

2023年7月 ドッグテラス・プレミアム OPEN

Glamping Resort Awaji
ぐらんぴんぐ りぞーと あわじ　岩屋

愛犬との宿泊におすすめ

　広大な敷地を有するグランピング施設。2023 年 7 月に、ドッグラン併設の「ドッグテラス・プレミアム」5 棟がオープンし、全 13 棟中 8 棟が愛犬同伴 OK のテントに。各テントには焚火台があり、キャンプファイアーが楽しめる。夏季には、オーシャンビューのプールも登場。

広々とした空間でのんびり

上／グランピング BBQ や冬季限定の夕食付きプランも　中／客室から望む絶景オーシャンビューはまさに絶景　左／テント横には個別のシャワーブースやトイレが完備されている

ここがPOINT!　オプションで愛犬用のディナーも用意。また、おやつをはじめ、バスク風チーズケーキなどのスイーツも販売されている。

MAP P.85B2 **交** 淡路 IC から車で約 1 分 **住** 淡路市岩屋 2604 **電** (0120)85-8835 **時** in 15:00 〜 18:00 ／ out 10:00 **料** 素 1 室 2 名 1 万 2320 円〜 **客室数** 13 棟 **カード** 可 **駐車場** あり **URL** gr-awaji.jp

voice 「Olive GLAMP 淡路島 Virgin Valley」では、オリーブの収穫時期の 10 月中旬に宿泊者限定の「オリーブの収穫体験」を実施。その日のうちに搾油されるので、自分が収穫したオリーブがエクストラバージンオリーブオイルに変わる「搾油工場見学」もできる。

爽快！夏を存分に満喫できる

マリンスポーツにチャレンジ！

淡路島には海のレジャーがいっぱい。空中散歩を体験できるパラセーリングや人気のスタンドアップパドルなどマリンスポーツに挑戦しよう。

空から淡路島観光も♪

洲本

パラセーリング ぱらせーりんぐ

開放感抜群の癒やし時間♪ 空中散歩で気分爽快

関西最大級のマリン施設、SEAMOON RESORT では多彩なマリンスポーツが体験可能。専用ボートに引っ張られながら空中に舞い上がるパラセーリングは、船上で離着陸するので、普段着で楽しめるお手軽さも魅力。淡路島の自然をちょっとだけ空から楽しんでみてはいかが。

上／海上 50 ～ 60m の浮遊高度で、360 度パノラマの絶景を楽しみつつの空中散歩は感動！ 右／制限以内であれば 3 名でのパラセーリングも OK

SEAMOON RESORT MAP P.92A2 🚗 津名一宮 IC から車で約 15 分、洲本バスセンターからバスで約 20 分 🏠 洲本市安乎町平安浦 1970-6 ☎ (0799)24-4455 🕐 10:00 ～ 17:00 🏠 無休（荒天時を除く）🈯 パラセーリング 8000 円（7 ～ 9 月は 9500 円）、ジェットボート 3000 円（7 ～ 9 月は 3500 円）、ウェイクボード 4000 円（7・8 月は不可）🅿 あり URL seamoonresort.jp

海へ思いきりジャンプ！

南あわじ

スタンドアップパドル すたんどあっぷぱどる

淡路島の海を満喫！

専用の大きなサーフボードで遊ぶ、スタンドアップパドル。ボードの上に立ったり寝転んだり、さらには座って漕いで福良湾を散策したり……と淡路島の海をのんびり楽しむことができる。専門ガイドが組んだプログラムは、初心者でも楽しむことができて安心！

じゃのひれ SUP MAP P.98B2 🚗 淡路島南 IC から車で約 20 分 🏠 南あわじ市阿万塩屋町 2624-16 ☎ (0799)20-7770 🕐 9:00 ～ 17:00（体験は予約制）🏠 期間中無休 🈯 6000 円 🅿 あり URL awaji-sup.jimdofree.com

イルカと一緒にスーイスイ！

南あわじ

イルカと触れ合い体験 いるかとふれあいたいけん

キュートなイルカと交流！

「見学する」「触れる」「一緒に泳ぐ」という 3 つのコースでイルカたちと交流できる体験施設。体験前には事前レクチャーもあり、イルカの生態や能力をより深く理解できる。人数制限があるため、訪れる際は予約がベター。

淡路じゃのひれドルフィンファーム MAP P.98B2 🚗 西淡三原 IC から車で約 20 分 🏠 南あわじ市阿万塩屋町 2660 ☎ (0799)50-3353 🕐 9:00 ～ 17:00（最終受付 16:45、1/2・3 は ～ 15:00）🏠 1/1 🈯 わくわくスイムコース 7000 円、ふれあいコース 5000 円 🅿 あり URL janohire.co.jp/farm

voice 福良湾でスタンドアップパドルが楽しめる、「じゃのひれ SUP」では大きなボートで自由な遊びができる FIB も体験可能！ 冬はボートの上にこたつを置いたりすることもあり、季節問わずに楽しめる。

自転車を借りて
サイクリング！

大自然と歴史スポットを巡る

イザナギコース・サイクリング

海に囲まれた自然、国生み神話ゆかりの地など
魅力たっぷりの淡路島をレンタサイクルでゆったり巡ろう。

絶景スポットが
いっぱい♪

潮風を全身で感じながら淡路島北部をサイクリング

　緩やかな海岸線沿いを走れる北部と、起伏の激しい山岳路が続く南部があることから、さまざまなサイクリングコースが作られ、サイクリストからの人気が高い淡路島。レンタサイクルショップが数多く点在し、観光客でも満喫できる。特におすすめは、北部を1周する約55kmのイザナギコースだ。まずは岩屋港の近くにある「トモチャリ」で自転車を借りて、サイクリングスタート。コース上には、花の絶景や国生み神話ゆかりのスポットなどの観光地があるので、立ち寄りながらゆっくり巡ろう。このコース最大の難関は、伊弉諾神宮へ向かう直前の丘。ここを過ぎれば、あとは淡路サンセットラインを北上するのみだ。豊かな自然と国生みの歴史をじっくり堪能しよう。

トモチャリ淡路島北店
道の駅 あわじ
START
GOAL
淡路シェフガーデン
by PASONA
淡路島
国営明石海峡
公園
絵島
道の駅
東浦ターミナル
パーク
伊弉諾神宮
N
〈イメージ図〉

スケジュール

所要時間	走行距離	体力レベル
約6時間30分	約55km	

9:00 「トモチャリ」で自転車を借りてスタート！

自転車で
約20分

軽いアルミフレームのクロスバイクをはじめ、BOXバスケット付きなどさまざまなタイプの自転車を用意。電動タイプのクロスバイクもあり。

岩屋港のほど近くに立置

9:20 淡路島国営明石海峡公園で花を観賞

自転車で
約1時間
50分

海沿いを南下すると、草花や木々に囲まれた国営明石海峡公園に着く。季節の花が咲くエリアや、花と海と空を望めるポイントなど見どころ多数。

春はチューリップが咲く

12:00 国生み神話ゆかりの地へ

自転車で
約1時間
20分

海沿いのコースから外れ、標高差45mの山道を登った先にある伊弉諾神宮。『古事記』や『日本書紀』にも記される歴史ある神社としても有名だ。

大鳥居の先に本殿がある

13:40 海を眺めながらランチタイム

自転車で
約40分

海との距離が近い淡路サンセットラインを北上し、淡路シェフガーデン by PASONA へ。地元食材をふんだんに使用したランチでおなかを満たそう。

鮮度抜群の海鮮丼

15:20 ラストは明石海峡大橋を望む

道の駅あわじでは、世界最大級のつり橋・明石海峡大橋を間近で見られる。おみやげなども購入できるので、サイクリングの思い出に立ち寄ろう。

下から望む明石海峡大橋

トモチャリ淡路島北店　MAP P.85B2　交 ジェノバライン岩屋港から徒歩すぐ　住 淡路市岩屋925-21　電 (0799) 70-9040　時 9:00〜17:00 (最終返却時間)　料 1100円〜　休 無休　カード 可　駐車場 あり
URL www.tomovis.jp/service/rental-and-sharing/tomochari

日本最大級の帆船型遊覧船で
絶景クルージング

淡路島に架かるふたつの大橋を間近で見られる
他では味わえないクルージングを体験しよう！

> 冷暖房完備で快適！

岩屋

明石海峡大橋クルーズ
あかしかいきょうおおはしくるーず

海上から淡路島の景色を堪能！

岩屋港を出発し、西海岸方面を約75分かけて巡るクルージング。海辺の街並みや「HELLO KITTY SMILE」など、さまざまな景色を海上から見学できる。最大の見どころは、船が明石海峡大橋の真下を通り抜ける瞬間。頭上に見える橋の迫力と、マストが橋にぶつかりそうになるスリルを味わおう。船内では、地元ガイドが淡路島の歴史や史跡、観光情報などを紹介。海峡を行き交う、地元漁船、大型旅客船、特殊船など多彩な船を見られるのもポイントだ。

左/世界最大級のつり橋をくぐる迫力体験！　右上/勝海舟が、太平洋を横断し、アメリカへ渡った際の船"咸臨丸"を復元

MAP P.85B2　淡路ICから車で約5分　淡路市岩屋1414-3
(0120)587-700　11:00～、13:30～、15:30～　冬期運休あり
体験料大人2500円　カード 可　駐車場 あり　URL awajisima-cruise.com

> 船長さんになった気分で記念撮影♪

> 世界最大級のうず潮を間近で！

福良

うずしおクルーズ
うずしおくるーず

自然が生み出す迫力満点のうず潮を観賞！

世界遺産登録を目指す、鳴門海峡のうず潮。世界三大潮流のひとつにも挙げられる鳴門海峡は、大潮時にはなんと時速20kmの速さで海水が流れ込み、その影響でうず潮が発生。その大きさは、春と秋の大潮時には世界最大の直径約30m！　自然が生み出す、神秘的ともいえるうず潮を約60分間のクルーズで楽しむことができる遊覧船で、のんびりクルージングを楽しみつつ、穏やかな瀬戸内の海に突如現れるうず潮を間近で見て、その迫力に感動しよう。

左/大鳴門橋を下から眺める貴重な経験も！
右/大迫力のうず潮は圧巻のひと言

MAP P.98A3　西淡三原ICから車で約20分
南あわじ市福良港うずしおドームなないろ館
(0799)52-0054　9:00～17:00
無休（船舶メンテナンスや荒天の場合は運休）
体験料大人2500円　カード 可　駐車場 あり
URL www.uzu-shio.com

Voice　大きなうず潮が見たいなら、春と秋が狙い目。「うずしおクルーズ」のHPには満潮・干潮時刻や大うずが期待できる日などが記載してあるので旅の日程に合わせてチェックしておこう。また大鳴門橋記念館にあるうずしお科学館で事前予習しておくのもおすすめ。

日々の備えが大切です！

地震の脅威を学び、過去の教訓を未来へ伝える 　北淡

野島断層保存館 北淡震災記念公園

池本啓二さん

断層は天然記念物にも指定！

震源となった活断層のずれをありのまま展示する保存館

　1995年1月17日に起こった兵庫県南部地震。その際に出現した野島断層のありのままの姿が保存・展示されている。入館すると目の前に現れるのは、国道43号線が倒壊した様子の再現模型。道路が崩れ落ち、トラックが横転している姿から震災の恐ろしさをまざまざと感じる。断層保存ゾーンでは、国の天然記念物に指定された地震断層のなかで約140mが保護されており、地割れが起こった断層をはじめ、水路やあぜ道の横ずれの様子も残され、さまざまな地形の変化を見学できる。地震のすさまじさと将来起こりうる大地震に備える大切さを後世に伝える貴重な館だ。

右／断層による地形の変化をありのまま保存
左／地面を掘り下げた断層の断面も見ることができる

震災後の家の台所の様子などを再現したメモリアルハウス

震災の記憶を風化させないための遺構として、神戸市長田区から移設された「神戸の壁」

震災を今に伝える

震災当時の様子が写真で展示されているほか、記録映像なども保管されている

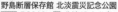

野島断層保存館 北淡震災記念公園
MAP P.80A1 　**交** 北淡ICから車で10分
住 淡路市小倉177
電 (0799)82-3020
時 9:00～17:00 　**料** 大人730円
休 1～11月は無休（12月下旬に臨時休業あり）
URL www.nojima-danso.co.jp

voice　「野島断層保存館 北淡震災記念公園」にある「神戸の壁」は、第2次世界大戦中の神戸大空襲に耐え、阪神・淡路大震災の際も周囲の建物が倒壊するなか、その姿をとどめた奇跡の震災遺構。メモリアルハウスも震災に耐えた遺構のひとつとして残されている。

47

瓦割り体験道場

ご当地ならではの
伝統産業を体験！

楽しく触れる
淡路瓦

淡路島の伝統産業、
瓦を使った体験をご紹介！
瓦を割ったり彫刻を彫ったりと、
淡路島の瓦の魅力に
存分に触れよう。

どなたの挑戦も
お待ちしてます！

南あわじ

淡路の隠れた新名所!?
瓦の産地で、人生初の瓦割り体験！

谷池永充さん

道場破りSTART!

瓦割り体験道場

**誰もが一度は憧れる
瓦割りに挑戦！**

※階段あり

　淡路瓦の窯元、谷池健司製瓦所の2階にある瓦割り体験道場は、"すべての人をヒーローに"をコンセプトに、誰もが気軽に瓦割りにチャレンジすることができる施設で、近年はSNSでも話題に。空手家や格闘家などが披露する瓦割りは、おもに一般住宅用の瓦を使用するが、こちらでは3種類の割れやすく作られた専用の瓦を用意。いちばん割れやすい瓦であれば、小さな子供や年配の方でも簡単に割れるので、誰がチャレンジしても、あのスリルと爽快感が味わえるとあって評判だ。道場破り風の入場口、種類豊富な道着、認定書の配布など、演出にもこだわっており、入場の瞬間から、おのずと気分も盛り上がる。希望者には有料で瓦割りの一部始終を撮影した動画データの提供もあり、旅の思い出となること間違いなし！

頼もお〜‼

扉を打ち破り、いざ道場へ。何気ないこんな仕掛けにもテンションUP！

まずは道着を選ぶ。空手着、学ラン、トラックスーツ等、種類は豊富

おりゃ〜！
あぁぁ‥快感！

いちばん難易度の低い瓦をチョイス！緊張感と割れたときの爽快感は格別

これはクセになりそう！

我ながらびっくり！

終了後は、自分の割った枚数が記載された認定書を手に記念撮影も！

瓦割り体験道場
MAP P.98A1　交 西淡三原ICから車で15分　住 南あわじ市津井1764
電 (0799) 38-0362　時 完全予約制のため、応相談　¥ 2300円〜
休 不定休　カード 可
URL karatekawara.com

voice イベントなどで一発芸を披露したい方には、体験道場で使用している瓦割り用の瓦をHPから購入することも可能。いちばん難易度の低い「もっともっと割れやすい空手瓦ワレール」9枚3700円〜。URL himoya.ocnk.net

淡路瓦粘土で土遊び！
彫刻体験でオリジナル作品を

 南あわじ
※禁止エリアあり

瓦彫刻体験

淡路瓦に使用する淡路島で取れた粘土で彫刻体験ができる。板瓦やれんがなどさまざまな種類の瓦から好みのものをチョイス。思いおもいの彫刻を施すことができる。ほかに小さい子供でも気軽に体験できるやわらか粘土を使ったものや、約1.5kgの塊粘土でオブジェ制作も。また景勝地として知られる国立公園、慶野松原に10年間飾ってくれるプロポーズ瓦 3300円なんてユニークな取り組みもあり。

体験後はおみやげ選び

世界にひとつだけの、オリジナル瓦作りは旅の思い出にもぴったり！

淡路島の食材がたっぷり！

上／瓦上で焼く焼肉が楽しめる食事処もチェック 左／ショップでは瓦にまつわるグッズもあり。おみやげにも◎

かわらや

MAP P.98B1 西淡三原ICから車で約10分、高速バス榎列バス停下車、徒歩約15分 南あわじ市松帆脇田105-2 (0799)36-2303 体験 10:00〜16:00、食事（かわら焼き）11:00〜14:30 淡路瓦粘土彫刻体験 1650円〜（送料別途用）木曜 カード 可 URL www.awaji-taiken.com

---

日本三大産地のひとつ 淡路島の瓦

約400年にわたり受け継がれてきたいぶし銀の美しい輝きを放つ淡路瓦

愛知県三河地方の三州瓦、島根県石見地方の石州と並び、日本三大瓦のひとつに数えられる淡路島の淡路瓦。その起源は古く、約400年前の江戸時代初期にまで遡る。慶長15（1610）年、播磨国姫路藩主池田輝政の三男・忠雄が、岩屋城の改修と由良城の築城に際し播州瓦の名工・清水理兵衛を呼び寄せて瓦を焼かせたのが始まりとされる。京都や奈良など神社仏閣が多い地域に近かったこと、海運が発達していたことなどから、いぶし銀の美しい輝きを放つ淡路瓦が全国的に広まっていった。

いぶし銀の輝きが魅力！

上／ひとくくりに淡路瓦といっても、形状や用途などによってさまざまな種類がある 左／練った粘土を成形し磨きや乾燥を施した白地に、粒子の細かい粘土を水で溶いたハケ土を塗る。この後、約1000℃の高温で約20時間かけて焼成 右／焼成の後、少し温度を下げて燻しをかけ、表面に炭素膜を作る。冷めた瓦の表面のすすを払うと、淡路瓦特有のいぶし銀の輝きが生まれる

---

 voice

「かわらや」では、瓦彫刻体験のほかにも淡路島の自然をいっぱいに感じられる農業体験も実施。5〜6月のタマネギや10〜3月のキャベツや白菜など季節の野菜の収穫体験で大地の恵みを体感することができる。

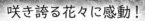

四季を彩る花スポット

咲き誇る花々に感動！

いつ訪れてもきれいな花が咲き誇る淡路島。あたり一面に咲く花と海のコントラストが美しい絶景スポットから花と建築を楽しむスポットまで、さまざまな花が楽しめる。

キンセンカ

コスモス

❶

東浦

淡路夢舞台
あわじゆめぶたい

※禁止エリアあり

花、建築、景色の絶景空間

　土砂採掘の跡地を再生する目的で、自然と人の共存をコンセプトに整備された複合施設。敷地面積約28ヘクタールの広大な苑内には、花壇、温室、野外劇場、レストラン、ホテル、国際会議場など、世界的建築家・安藤忠雄氏のグランドデザインによる施設が点在している。海を見下ろす緩やかな斜面を生かして構成された空間を回遊すれば、歩を進めるごとに新たな視界が開け、変化に富んだ風景が楽しめる。淡路島を代表する花の名所だけあって、景色や建築と花々が三位一体となった眺めは圧巻のひと言。

❸

❶100区画もの花壇を斜面に配した百段苑　**❷**淡路島の自然と一体になったダイナミックな眺望が広がる　**❸**すりガラスで囲まれた屋上庭園、山回廊

MAP P.85D1　**交** 淡路ICから車で約5分、高速バス「淡路夢舞台前」下車すぐ　**住** 淡路市夢舞台2　**☎** (0799)74-1000　**時** 7:00～23:00(各施設・店舗により異なる)　**休** 無休(各施設・店舗により異なる)　**料 カード** 各施設・店舗により異なる　**駐車場** あり　**URL** www.yumebutai.co.jp

日本最大級の温室で夢中になる！

圧倒されるほどダイナミックな植物や希少な植物が集められ、子供も大人も夢中になれる、ここでしか出合えない感動の時間が待っている。※2024年4月～2025年3月は大規模修繕のため閉館予定 →DATAはP.86参照

voice 「淡路夢舞台」苑内のホテル「グランドニッコー淡路」の東側にある人工池は「貝の浜」と呼ばれ、水辺にホタテの貝殻がビッシリと敷き詰められている。ひとつずつ職人の手によって施された貝殻の数は、何と敷地内で100万枚にも上るのだとか。

菜の花・紫ハナナ **春**

夏 クレオメ

サルビア **秋**

冬 ストック

北淡

兵庫県立公園 あわじ花さじき
ひょうごけんりつこうえん あわじはなさじき

高原に敷き詰められた 美しい花の絨毯

淡路島北部丘陵地域の頂上部、標高約300mの高原一帯にある広大な花畑。明石海峡や大阪湾、神戸や大阪の街までも見渡す大パノラマを背景に、四季折々の花々が高原の斜面を覆いつくす。その美しさは、まるで天空に浮かぶ花の絨毯。自由に散策しながら、自分だけの極上さじき席を見つけるのがおすすめだ。また、2020年3月のリニューアルオープンでは、新施設「花さじきテラス館」が登場。既存の展望デッキと新しい展望スペースを結ぶ空中回廊も新設され、花の絶景の楽しみ方がよりいっそう充実した。

花の景色と一緒に味わって

カフェレストラン「Galleri」

春一面を黄色に染めるハナナ（菜の花）。旬の終盤には紫ハナナとの競演も **夏**淡い色と上品な香りが涼を演出する、クレオメ **秋**赤色以外の品種も含め、約18万株のサルビアは圧巻 **冬**淡路島を代表する花、ストック **1**カフェレストラン「Galleri」のテラス席 **2**名物メニューは、北欧のオープンサンド、スモーブロー

MAP P.80B1 **交** 淡路ICから車で約12分 **住** 淡路市楠本2805-7 **電** (0799)74-6426 **時** 9:00～17:00(最終入園16:30) **休** 無休 **料** 入園無料 **駐** あり **URL** awajihanasajiki.jp

voice 「あわじ花さじき」からすぐ近くの県道157号沿いにある乗馬クラブ「ハーモニーファーム淡路」では、花さじきの園内を馬に乗って散策できる乗馬体験プラン（花さじき散策コース）が用意されている。馬上から花を愛でるのも、また一興だ。

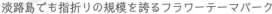

東浦
淡路島国営明石海峡公園
あわじしまこくえいあかしかいきょうこうえん

※禁止エリアあり

淡路島でも指折りの規模を誇るフラワーテーマパーク

「淡路夢舞台」に隣接する、「海辺の園遊空間」がコンセプトのフラワーテーマパーク。2000年開催の「淡路花博ジャパンフローラ」会場だった約40万㎡の広大な敷地に、関西最大級の規模を誇るチューリップをはじめ、ヒマワリ、コスモス、寒咲きナノハナといった四季折々の花風景が広がる。また園内には、大阪湾や紀淡海峡を見渡す眺望スポット、大型複合遊具、広大な芝生広場、無料のバーベキュー広場（予約制）、白鳥のボートが浮かぶ池「花の中海」など施設も充実。花と絶景に癒やされ、1日中楽しめる。

カラフルな
チューリップ畑

1 2 大花壇「大地の虹」。春はチューリップ、秋はコスモスが咲き誇る
3 東浦口ゲートでは、タコを模したトピアリーが出迎えてくれる

MAP P.85D1 **交** 淡路ICから車で約5分、高速バス「淡路夢舞台前」から徒歩約5分 **住** 淡路市夢舞台8-10 **電** (0799)72-2000 **時** 9:30～17:00（季節により異なる） **休** 2月の第2月～金曜 **料** 入園料大人450円 **駐車場** あり **URL** awaji-kaikyopark.jp

---

一帯には、潮風に乗って甘い香りが広がる

南あわじ
灘黒岩水仙郷
なだくろいわすいせんきょう

ダイナミックなスケールで迫る、水仙の大群落

日本三大群生地のひとつに数えられる、水仙の名所が2023年12月にリニューアルオープン。淡路島最南部の諭鶴羽山系から太平洋へ続く45度の急斜面一帯にわたって野生の水仙が自生している。12月下旬から2月下旬のオンシーズンに見られる、空と海のブルーと水仙のレモンイエローのコントラストは、見事というほかない絶景。ひと足早い春の訪れを感じられるはず。

MAP P.98C2 **交** 西淡三原ICから車で約40分 **住** 南あわじ市灘黒岩2 **電** (0799)56-0720（開園期間中のみ） **時** 12月下旬～2月下旬の9:00～17:00（最終入園16:30） **休** 12/31、1/1の午前中 **料** 入園料大人600円 **駐車場** あり **URL** www.city.minamiawaji.hyogo.jp/site/suisenkyou

---

ラベンダーなどのハーブが咲く

郡家周辺
パルシェ香りの館
ぱるしぇかおりのやかた

※禁止エリアあり

お香作りもできる、香りのテーマパーク

淡路島北中部の高台にある、香りに特化したテーマパーク。園内には、ラベンダーやカモミールなど100種類を超えるハーブが栽培されている。「香りの館」では、お香やドライハーブ作りの工程などを展示で学べるほか、お香や香水作りの体験メニューを用意。また、淡路島いちのみや温泉の入浴施設「香りの湯」では、良質な温泉に四季折々のハーブを浮かべた露天風呂で癒やしの湯浴みが楽しめる。

MAP P.80C2 **交** 北淡ICから車で約15分 **住** 淡路市尾崎3025-1 **電** (0799)85-1162 **時** 10:00～21:00（各施設により異なる） **休** 第2火曜、臨時休業あり **料** 入館無料（入浴料大人730円 ※変更の場合あり） **カード** 可（各施設により異なる） **駐車場** あり **URL** www.parchez.co.jp

---

voice 「パルシェ香りの館」内にある「Kaoru Café & Herb Shop」では、イタリアンパセリをはじめ、タイムやレモングラス、ローズマリーなどのハーブ苗や、花や野菜の苗などが販売されている。ラベンダーソフトクリームや淡路島いちじくソフトクリームも人気。

開放感あふれる癒やしの時間
絶景温泉

非日常の極上タイム

広大な海を望むことができ、
旅の疲れを癒やしてくれる絶景温泉。
さらに淡路島の海の幸も楽しめる温泉施設で、
ココロもカラダもリフレッシュ！

「伊弉冉の湯舟」の湯船の幅は約45m！

岩屋

入場料 大人 3000円

アクアイグニス淡路島
あくあいぐにすあわじしま

※屋外のみ　※レストラン

海に溶け込むインフィニティ温泉

"癒やし"と"食"をテーマにした複合型天然温泉リゾート。地下1000mから湧出する温泉は、肌の潤いを長く保つナトリウム塩化物温泉で、保温効果も抜群。目玉は、湯舟の水面と大阪湾の海面が一体になるインフィニティ温泉「伊弉冉の湯湯」。水着か湯浴み着着用のため、家族やカップルでも楽しめる。温浴棟には、カフェやみやげショップがあり、館内には寿司や地元食材を駆使した和洋食などが味わえる本格レストランも。湯と食で存分にリラックスしよう。

左／ゆったりくつろげる休憩スペースも　右／ミネラルミスト浴「座トージ」がある「伊弉諾の湯」

MAP P.85B3　交 淡路ICから車で約5分　住 淡路市夢舞台2-28　電 (0799)73-6602　時 7:00～21:30(最終受付)　休 なし　カード 可　駐車場 あり　URL aquaignis-awaji.jp

---

露天風呂から眺める明石海峡大橋の絶景

岩屋

日帰り入浴料 大人 700円

美湯松帆の郷
びゅーまつほのさと

淡路島最北端にある複合リゾート

世界一の橋を眺めて湯浴み

明石海峡を間近に望む絶好のロケーションが人気の、日帰り温泉リゾート施設。名物は、明石海峡大橋を一望できる絶景露天風呂だ。昼は真っ青な空と海、夜はライトアップされた橋と対岸の夜景、時間帯によって趣が異なる風景を眺めながらの湯浴みは格別。温泉の成分は、冷え性や疲労回復に効果があるとされる天然ラドン泉で、島旅の疲れを優しく癒やしてくれる。湯上がりには、館内のレストラン「望海楼」で御食国淡路島の豊かな食材をふんだんに使った名物グルメを味わうのが正解。絶景、温泉、食を通じて、淡路島の魅力を再認識できるはずだ。

MAP P.85A1　交 淡路ICから車で約5分　住 淡路市岩屋3570-77　電 (0799)73-2333　時 11:00～22:00(入浴受付～21:00)　休 第1木曜(1・4・5・8月は無休)　カード 不可(物販可)　駐車場 あり　URL matsuho.com

---

日帰りでも絶景宿を満喫

露天風呂から眺める鳴門海峡と大鳴門橋の景色

南あわじ

日帰りプラン 入浴＋玉ねぎフォンデュコース 大人 8800円～

淡路島うずしおうめ丸
あわじしまうずしおうめまる

絶景宿の魅力を気軽に体感

鳴門海峡を一望するロケーションと、べっぴんの湯で知られる良質な温泉、鮮度抜群の活魚料理で人気の温泉宿。日帰り利用も可能で、宿

玉ねぎフォンデュ鯛しゃぶしゃぶコース

自慢の絶景と温泉と料理を気軽に楽しめる。大浴場、露天風呂ともに、鳴門海峡と大鳴門橋を見渡す景色がすばらしく、島旅の疲れも吹き飛ぶこと請け合いだ。また、うずしお温泉の炭酸水素イオンは日本屈指の含有量を誇り、美肌や保湿などの効能で多くの旅人を魅了している。絶景と美湯を楽しんだあとは、個室で美食に舌鼓を。

MAP P.98A2　交 淡路島南ICから車で約8分　住 南あわじ市阿那賀1137-9　電 (0799)39-0206　休 無休　カード 可　駐車場 あり　URL www.umemaru.co.jp

---

　「アクアイグニス淡路島」には、電動アシスト付き自転車やロードバイク、キッズバイクも備えるレンタサイクルショップが併設されている。サイクリング後の温泉もおすすめだ。「伊弉冉の湯湯」は、ドイツで言葉を重ねる「バーデン・バーデン」が由来だそう。

淡路島の花を
チェック
花図鑑
花の島・淡路島のお花を
「あわじ花へんろ」の
スポットとともに
ご紹介！

代表的な 春の花

ナノハナやサクラなど
3月から5月頃に
見頃を迎えるお花は
コチラ。

ナノハナ
アブラナ科アブラナ属
見頃：3月上旬〜4月下旬
22番札所 ウェルネスパーク五色
（→ P.81）ほか

サクラ
バラ科サクラ属
見頃：3月下旬〜4月
17番札所 圓城寺ほか

代表的な 夏の花

6月のアジサイや
8月のヒマワリなど、
島を彩る夏の花は
コチラ！

スイレン
スイレン科スイレン属
見頃：5〜9月
6番札所 本福寺水御堂（→ P.41）
ほか

アジサイ
アジサイ科アジサイ属
見頃：5月下旬〜7月
9番札所 常隆寺ほか

ハマボウ
アオイ科フヨウ属
見頃：7〜8月
63番札所 成ヶ島

代表的な 秋の花

コスモスが咲き始めると
秋の始まり。
秋の淡路島は
紅葉スポットも多数！

コスモス
キク科コスモス属
見頃：10〜11月
13番札所 兵庫県立公園 あわじ花
さじき（→ P.51）ほか

モミジ
ムクロジ科カエデ属
見頃：11月下旬〜12月上旬
71番札所 成相寺ほか

ラッパイチョウ
イチョウ科イチョウ属
見頃：11月下旬
23番札所 嘉兵衛の里

代表的な 冬の花

日本三大自生地の
ひとつ淡路島で
ニホンスイセンが見られる、
冬の花もチェック！

ストック
アブラナ科アラセイトウ属
見頃：11〜5月
13番札所 兵庫県立公園 あわじ花
さじき（→ P.51）ほか

ヤブツバキ
ツバキ科ツバキ属
見頃：12月〜4月上旬
10番札所 アート山大石可久也美術
館（→ P.86）ほか

ニホンスイセン
ヒガンバナ科スイセン属
見頃：12〜3月
42番札所 灘黒岩水仙郷（→ P.52）
ほか

チューリップ
ユリ科チューリップ属
見頃：4月
3番札所 淡路島国営明石海峡公園
（→ P.52）ほか

ツツジ
ツツジ科ツツジ属
見頃：4〜5月
1番札所 兵庫県立淡路島公園ほか

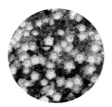

ネモフィラ
ムラサキ科ネモフィラ属
見頃：4月上旬〜5月中旬
3番札所 淡路島国営明石海峡公園
（→ P.52）ほか

フジ
マメ科フジ属
見頃：4月下旬〜5月
69番札所 道の駅あわじ（→P.72）・
松帆アンカレイジパークほか

ヒマワリ
キク科ヒマワリ属
見頃：7月中旬〜8月
33番札所 淡路ファームパーク
イングランドの丘（→ P.99）ほか

サルスベリ
ミソハギ科サルスベリ属
見頃：7〜9月
1番札所 兵庫県立淡路島公園ほか

ラベンダーセージ
シソ科アキギリ属
見頃：7〜10月
20番札所 パルシェ香りの館
（→ P.52）ほか

クレオメ
フウチョウソウ科フウチョウソウ属
見頃：7月上旬〜8月下旬
13番札所 兵庫県立公園 あわじ花
さじき（→ P.51）ほか

サルビア
シソ科アキギリ属
見頃：9月上旬〜10月下旬
13番札所 兵庫県立公園 あわじ花
さじき（→ P.51）ほか

「あわじ花へんろ」で淡路島の花めぐり♪

温暖な気候で四季折々の花々が楽しめる淡路島。「あわじ花へんろ」では、花の名所を花の札所に指定、花めぐりを楽しむことができる。島内73ヵ所の札所や観光案内所でスタンプブックが入手できるほか、郵送でも入手可能なので旅の前に手に入れておくのもおすすめ。

詳細はウェブサイトをチェック！
www.awajihanahenro.jp

花の札所

1番札所 **兵庫県立淡路島公園**
→淡路市楠本 2425-2

9番札所 **常隆寺**
→淡路市久野々 154

17番札所 **圓城寺**
→淡路市佐野 1205

23番札所 **嘉兵衛の里**
→洲本市五色町都志 203

48番札所 **水仙の丘**
（DAFFODIL HILL INOUE）
→淡路市多賀 396-9

56番札所 **八木のしだれ梅**
（村上邸）
→南あわじ市八木馬回 219

63番札所 **成ヶ島**
→洲本市由良町由良 成ヶ島

71番札所 **成相寺**
→南あわじ市八木馬回 394

※39番札所 道の駅うずしおは2025年まで休館

ラッパスイセン
ヒガンバナ科スイセン属
見頃：3月中旬〜4月中旬
48番札所 水仙の丘（DAFFODIL
HILL INOUE）ほか

しだれ梅
バラ科サクラ属
見頃：2月
56番札所 八木のしだれ梅（村上邸）

キンセンカ
キク科キンセンカ属
見頃：2〜4月
20番札所 パルシェ香りの館
（→ P.52）ほか

千年以上の歴史を誇る

神々が宿る神秘の場所へ

国生み神話で知られる伊弉諾神宮は、不思議な力を感じることのできる神聖な場所。
郡家商店街へと続く「神様の結うとおり」と名づけられたコースを散策しながら、八百万の神様に会いに行こう！

歴史を感じる
たたずまい

神秘的な
オーラに感動！

郡家周辺

伊弉諾神宮（いざなぎじんぐう）

日本最古の神社

国生み・神生みの神功を果たされたイザナギノミコトが、余生を過ごされた神宅の旧跡に鎮座。奈良時代に編纂された『古事記』や『日本書紀』の冒頭に創祀が記され、古来より脈々と受け継がれてきた荘厳な雰囲気が境内に満ちあふれている。毎月22日には夫婦の日として、ライトアップで幻想的な夜間特別礼拝を実施。良縁・夫婦円満を願って多くの人々が参拝に訪れる。

1 品格ある入母屋造四方縁組の拝殿
2 古くは生命の永続を祈った放生の神池
3 樹齢約900年を超える夫婦の大楠。もとは二株の木が一株になった不思議な樹

左／伝統的な意匠を残す檜皮葺の正門
右上／国生み神話に出てくる桃がモチーフの絵馬も

国生みのいわれって？

日本の国土が生まれる遠い昔。国造りを託されたイザナギノミコトとイザナミノミコトは、神聖な矛で下界をかき回し、引き上げた雫が滴り落ちて「おのころ島」ができた。ここで夫婦の契りを結び、最初に生まれたのが淡路島。その後、次々と島を生み、日本国・大八洲が誕生した。

MAP P.80C3 津名一宮ICから車で約5分、路線バス「伊弉諾神宮前」下車すぐ 淡路市多賀740
(0799) 80-5001 駐車場あり

voice 淡路島が国生み伝承の地と伝わるのは、温暖な気候に恵まれ、野菜や果物、お米や塩など、あらゆる作物が生まれる豊かな土壌も理由のひとつ。古来より食は生活に欠かせない大切なもの。伊弉諾神宮を中心とした島全体に聖なる神気が流れている。

神々を巡って開運祈願！

11:00 せきれいの里

テーマごとに設定された8コースからひとつ選び、郡家商店街までの通りにある神々のモニュメントを巡ろう。今回は恋愛・良縁成就を求めて「幸せ舞妓むコース」をセレクト。

📞 (0799) 70-1010
🕐 10:00 〜 16:00
（夜間特別参拝日は 21:00 まで）

境内にあるみやげ処。オリジナルグッズや特産品などが購入できる

徒歩5分

11:15 大戸惑子神・大戸惑女神

山の神である大山津見神と、草の神である鹿屋野比売神から誕生した男女の神。

まずはここから！

夫婦の神として一体をなすように建つ

徒歩3分

11:20 天之狭土神

生命の根源となる土に宿る。山の傾斜を司るなど諸説あり、神話ロマンがかきたてられる。

国道88号線沿いにあるので撮影の際は車に注意！

徒歩10分

11:35 火之迦具土神

母・イザナミノミコトに大やけどを負わせてしまった火の神。火事を抑えてくれると信仰され、家内安全の御利益をもつ。

メラメラと燃え上がる炎が表現されている

徒歩すぐ

11:45 石巣比売神

家宅六神の一神として3番目に誕生。建物守護や家内安全の御利益をもつ砂利の女性神といわれている。

やっと見つけた！

郡家商店街にある書店の駐車場にひっそりと建っている

徒歩3分

11:50 縁満協和之像

黄泉の国で仲違いをしたイザナギノミコトとイザナミノミコト。二神の仲を取りもった菊理姫神は縁結びの女神といわれている。

『日本書紀』に書かれた一場面を表現した三柱のモニュメント

徒歩5分

12:00 波邇夜須毘古神・波邇夜須毘売神

天之狭土神を生んだイザナミノミコトが、大やけどで苦しみ吐いたものから生まれた対の神々。陶器の神であるとともに、土に宿り穀物の豊作をもたらす重要な存在と考えられる。

近くには多賀の浜海水浴場が。波がなく静かで透き通った海が美しい

またある！ 伊奘諾神宮の巡り方

語り部付特別参拝

語り部による約1時間のスペシャルガイドツアー。参加料1人6000円（勾玉とおみやげ購入券付き）

📞 (0799) 70-1010
🕐 毎日 13:00 〜（10日前までに要予約）※ 1/1 〜 15 は祭事のため受付不可

夜間特別参拝ライトアップと創生国生み神楽

毎月22日の夜、美しい舞を間近にご祈祷いただける正式参拝。参加料1人7000円（勾玉付き）

📞 (0799) 70-1010
🕐 19:00 〜 20:30（受付開始 18:00）
※ 4/22 は春例祭のため開催なし

voice< それぞれのコースでは35ヵ所に置かれたモニュメントのうち、コースごとに設定された約6ヵ所を回る。国生みを終えたイザナギノミコトとイザナミノミコトが生んだ神々などがモチーフ。『古事記』や『日本書紀』を予習すればさらに楽しい。

スピリチュアルなスポットで御利益を！

国生み神話オノコロゆかりの地を巡る

淡路島から船で約10分の場所に浮かぶ沼島。伊弉諾尊、伊弉冉尊の伝説が残ることから国生みの島としても有名だ。島内のスピリチュアルなスポットを巡って運気アップ！

上立神岩には
ハートのマークが！

沼島に
お越しくだけい！

沼島おのころクルーズ
小野山豪さん

昔は中心部分に穴があいている珍しい形状だった下立神岩

上立神岩は、伊弉諾尊が伊弉冉尊と婚姻をした「天の御柱」ともいわれており、現在は恋愛成就のパワースポットとしても人気。おのころクルーズでは、伊弉冉尊が死後に住んだとされる黄泉の入口のモデルといわれる穴口を見ることも

沼島（ぬしま） 南あわじ 🐾😺🎣🍴

国生み神話の島を周遊

『古事記』『日本書紀』に記される日本最初の島・オノコロ島。その特徴が似ていることから最有力候補地とされているのが沼島だ。そんな沼島で国生み神話ゆかりの地を巡るなら、漁船で島を1周するおのころクルーズに乗ろう。「天の沼矛」のモデルとされる上立神岩など、見どころ満載。また、島内には伊弉諾尊、伊弉冉尊を祀るおのころ神社も。神秘的な国生み神話の島を満喫しよう。

沼島へは、淡路島南部にある土生港からアクセス（大人往復920円）。片道約10分で到着する

小高い山の上に鎮座するおのころ神社。本殿の脇を少し上ると伊弉諾尊、伊弉冉尊の石像があり、記紀神話に記された、天の沼矛で混沌とした世界をかき回した二神の姿が再現されている

おのころクルーズ MAP P.98C3
🚶 沼島港から徒歩約5分　🏠 南あわじ市沼島　📞（050）3187-5040
🕐 9:00～17:00（受付）　❌ 無休（要予約）※天候により欠航する場合あり　💴 3000円～　URL nushima-yoshijin.jp/walk-play

voice 沼島の郷土史に詳しい有志を集めた「沼島ぬぼこの会」による観光ボランティアガイドでは、国生み神話をはじめ、梶原五輪塔や沼島庭園など史跡にまつわる歴史を聞きながら島を巡ることができる（事前に要予約）。📞（0799）57-0777

淡路島のスピリチュアルスポット

国生み神話が残る淡路島には、まだまだ御利益のある神聖なスポットが盛りだくさん。

山の上にそびえたつ
神聖な巨石を仰ぐ

岩上神社 （いわがみじんじゃ） 郡家周辺 ◎

境内では平安時代のものと思われる素焼皿も出土した

1541 年創立とされ、本殿は奈良県の龍田神社から移築されたもの。

境内には高さ約 12m、周囲約 16m の神籬石があり、神石として古くから信仰を集めている。春はヤマザクラ、秋は紅葉が美しく、花見スポットとしても人気。

MAP P.80C3　津名一宮 IC から車で約 11 分　淡路市柳沢乙614　(0799)86-0355　境内自由　境内自由　駐車場あり

国生み神話に残る
美景のパワースポット

もとは淡路島の一部だったが、波の作用により島となった

絵島 （えしま） 岩屋 ◎

「オノコロ島」の伝承地のひとつに数えられる絵島。海に浮かぶ姿は美しく、万葉の時代から人々を魅了し、多くの和歌が詠まれている。夜間のライトアップも絶景だ。

MAP P.85B2　淡路 IC より車で約 3 分、岩屋港から徒歩すぐ　淡路市岩屋　(0799)72-3420（淡路市岩屋観光案内所）　周囲からの見学自由（敷地内立入禁止）

森林の中に凛とたたずむ
天岩戸伝説が残る巨石

岩戸神社へは山道を登らないと行けないので服装には注意

岩戸神社 （いわとじんじゃ） 洲本 ◎

国の重要文化財を有する千光寺の奥にある、巨石が御神体の神社。この巨石に大きな割れ目があることから、天照大御神が隠れた天岩戸だといわれている。

MAP P.92A3　淡路島中央スマート IC から車で約 15 分　洲本市上内膳 2132-7　(0799)22-0281（先山千光寺）　境内自由　駐車場あり

二神が夫婦の道を開いた地で
縁結びの御利益を

おのころ島神社 （じまじんじゃ） 南あわじ ◎

伊弉諾尊と伊弉冉尊が祀られる神社。縁結びのパワースポットとして知られカップルも多く訪れている。日本三大鳥居のひとつの大鳥居も見もので、近くには二神が天の沼矛で青海原をかき回した際に立ったとされる天の浮橋がある。

縁結びの起源としても有名な鶺鴒石（せきれい）。良縁を求め、参拝客が集う

MAP P.98B1　西淡三原 IC から車で約 10 分　南あわじ市榎列下幡多 415　(0799)42-5320　境内自由　駐車場あり　**URL** www.freedom.ne.jp/onokoro

ここもチェック！ 南あわじ市滝川記念美術館 玉青館

奇跡の発見といわれた松帆銅鐸や国生み神話に淡路島が描かれた背景となった歴史資料などを展示している。→ P.99 参照

voice 「岩戸神社」のある山は「先山」と呼ばれている。これは伊弉諾尊と伊弉冉尊が最初につくった山だからといわれている。先山の頂上には梵鐘や仁王像など見どころが多い千光寺があり、近くの展望台からは四国の山を望むことができる。

59

7つのお寺を巡って幸せ祈願♪
淡路島七福神めぐり

幸運をもたらし、日本では縁起がよいと愛される七柱の神様、七福神。淡路島に点在する七福神を祀るお寺を巡って幸運祈願をしよう!

ぜひ参拝に来てください

八浄寺ご住職 **岩坪泰圓**さん

左／最初のお寺でハッピー券を頂いて、七福神めぐりをスタート! 右／頂いた福笹は、次回干支の色紙と交換も

御利益
五穀豊穣をもたらす
大黒天様

7つのお寺を巡って
御利益を頂く七福神めぐり

　福をもたらす七柱の神様を祀るお寺を参拝する「淡路島七福神めぐり」。ハッピー券を作り各お寺に300円の奉納金を納めると、御祈願が受けられ、おみやげが頂ける。7つのお寺すべてを巡ると最後のお寺で福笹を授与。また、淡路島七福神宝印帳2800円を購入して御宝印を頂くことも! 車なら約5時間で7つのお寺を巡ることも可能なので、1日かけて幸せ祈願の旅もおすすめ!

❶ 八浄寺 (はちじょうじ) 津名

　日本一の木彫りの大黒さまが安置される、室町時代から続く古刹で、淡路島七福神霊場の総本院。境内にはお釈迦さまの大仏足尊形を納める朱塗りの喩祇七福宝塔がある。

上／金運、子宝、縁結びなどの御利益のある大黒さま
左／七福神めぐりの記念品

MAP P89C1　津名一宮ICから車で13分　淡路市佐野834　(0799)65-0026　参拝自由、七福神めぐりは8:00頃〜17:00頃　参拝自由　駐車場あり

voice 2mと日本一の大きさを誇る、「八浄寺」の秘仏大黒天のご開帳は1・5・11月のそれぞれ26日と年に3回で、それぞれ祭事も執り行われる。あわじ花へんろ(→P.54) 47番札所でもあり、5月はデイゴやメグスリノキの花が見頃。

② 淡路島七福神 寿老人霊場 宝生寺（ほうしょうじ）津名

御利益：長寿の神様である 寿老人様

天平13年に僧行基により開基。若さのシンボルである桃を左手に持つ不老長寿の神様、寿老人を祀る寺で、境内には1回渡れば10年長生きできるといわれる長寿橋がある。

上／聖武天皇の勅命による寺。本堂と長寿橋は建て替え中で、2024年5月に完成予定。写真は以前のもの
左／寿老人の土人形 500円は参拝の記念に

MAP P.89A3　津名一宮ICから車で20分　淡路市里326　(0799)62-2905　8:00～17:00　参拝自由　駐車場あり

⑤ 護國寺（ごこくじ）南あわじ

御利益：和合の神様である 布袋様

胎蔵大日如来（国重要文化財）を御本尊とする、行教上人開創の古刹。福々しい笑顔が幸せをもたらしてくれる和合の神様・布袋さまが境内のいたるところに安置されている。本堂裏には江戸初期の庭園（県文化財）がある。

上／本堂には布袋尊像が安置される
左／布袋守おみくじ 500円

MAP P.98B2　西淡三原ICから車で約10分　南あわじ市賀集八幡732　(0799)54-0259　8:00～17:00　参拝自由　駐車場あり

③ 淡路島七福神 毘沙門天 覚住寺（かくじゅうじ）南あわじ

御利益：厄除け・財産の神様である 毘沙門天様

推古年間に聖徳太子の命により建立されたと伝わる。財運のほか、武道成就など勇気の神様として知られる毘沙門天を祀るほか山門の仁王さまには健脚の御利益もあり。

上／淡路島でも最古の寺院のひとつ　左／毘沙門さまが祀られている

MAP P.98C1　西淡三原ICから車で15分　南あわじ市神代社家343　(0799)42-0436　8:00～17:00　参拝自由　駐車場あり

⑥ 福禄寿 長林寺（ちょうりんじ）五色

御利益：大望の神様である 福禄寿様

天平9（737）年に七堂伽藍を僧行基が建立したのが起こりと伝わる。大望の神様で延命長寿や財運招福の御利益がある福禄寿を祀る。

上／福禄寿さまに健康祈願しよう
下／古く趣のある本堂内には祭壇も

MAP P.80B1　津名一宮ICまたは西淡三原ICから車で20分　洲本市五色町都志万歳975　(0799)33-0121　8:00～17:00　内拝300円　参拝自由　駐車場あり

④ 淡路島七福神 第1番霊場 恵美酒大神 賀集山 萬福寺（まんぷくじ）南あわじ

御利益：商売繁盛の神様である 恵美酒太神

商売繁盛の神様・恵美酒太神を祀る。もとは淳仁天皇とその母、当麻夫人の墓守をする僧の宿坊として創建、その後応永年間(1394～1428)に再興。

上／「えべっさん」として親しまれている
左／すべての神様が揃った七福神みくじ各500円

MAP P.98B2　西淡三原ICから車で約10分　南あわじ市賀集鍛冶屋87-1　(0799)54-0244　8:00～17:00　参拝自由　駐車場あり

⑦ 智禅寺（ちぜんじ）郡家周辺

御利益：財運・知恵の神様である 弁財天様

観応2（1351）年の銘が記された寺宝の大般若経を所蔵する歴史ある寺。知恵を司り、学業や芸術・芸能の神様で人間関係を円滑にしてくれるといわれる、七福神唯一の女神・弁天様を祀る。

上／弁天様の土鈴 500円
下／本堂には御本尊の大日如来も安置

MAP P.80B3　津名一宮ICから車で約20分　淡路市草香436　(0799)86-1472　8:00～17:00　参拝自由　駐車場あり

voice 「智禅寺」の本堂に祀られる尊像は8本の腕をもつ珍しい八臂宇賀神弁財天。本堂に上がって御本尊の前でお参りすることができる。

いにしえの時代を感じる

淡路島の史跡探訪

弥生時代後期の遺跡から明治期の灯台まで、淡路島内にはそれぞれの時代の史跡や文化財が点在。
各時代に思いをはせつつ、史跡巡りはいかが？

弥生時代
後期

北淡

五斗長垣内遺跡
ごっさかいといせき

海を見渡す場所に位置する遺跡

上／見晴らしのよい小高い丘に位置する遺跡　左／竪穴建物を復元、イベント時には鍛冶体験なども開催　右／拠点施設では鉄など貴重な出土品のレプリカを展示する

貴重な資料を展示！

約1900〜1800年前の弥生時代後期のムラの跡。23棟の竪穴建物跡や100点以上の鉄製品や石製鍛冶工具類なども見つかり、約100年間、この地に鉄器づくりのムラがあったことがわかっている。現在は竪穴建物などを復元、拠点施設では貴重な出土品のレプリカなどが展示・公開。2012年に国の史跡に指定。

MAP 折り込みMap① **図** 北淡ICから車で7分 **住** 淡路市黒谷1395-3 **電** (0799)70-4217 **時** 9:00〜17:00 **料** 入館無料 **休** 月曜（祝日の場合は翌平日、12／28〜1／3）**URL** gossa-awaji.jp/remains

平安時代

南あわじ

お局塚
つぼねづか

山頂からの夕日は特にすばらしいと有名

ひっそりとたたずむ小宰相の墓

伊加利多摩山に静かにたたずむ供養塔は、平安時代後期、平清盛の甥に当たる平通盛の妻・小宰相のもの。一ノ谷（現在の須磨）の戦いで敗れた通盛のあとを追い、鳴門に身を投げた小宰相とその従者を供養するため、舟形の積石塚となっている。周辺は遊歩道も整備、山頂からの眺望も美しい。

MAP P.98A1 **図** 西淡三原ICから車で20分 **住** 南あわじ市伊加利 **時料** 散策自由

平安時代

福良

福良湾岸壁から約150mの場所に位置

煙島
けむりじま

悲劇の武将・平敦盛の首塚

平清盛の異母弟である経盛の子・敦盛が眠る、福良港沖に浮かぶ小島・煙島。敦盛の首級が荼毘に付された際に島から煙が立ち上ったことから煙島と呼ばれるようになったと伝わり、現在は禁足地となっている。毎年3月には淡路人形座でゆかりの芝居「一谷嫩軍記」が上演される。

MAP P.98B2 **住** 南あわじ市福良 **電** (0799)52-2336（南あわじ観光協会）**時料休** 上陸不可

VOICE 遺跡がある五斗長地域では、現在さまざまな取り組みを実施。将来的には歩きながらミュージアムを巡る「五斗長ウォーキングミュージアム」プロジェクトを進行中。太古の昔、人々が暮らした土地に思いをはせつつ、アート散策が楽しめるように。

左／現存する模擬天守としては日本最古
中／全国的にも珍しい登り石垣（東側）
右／洲本八景のひとつに挙げられる、大
阪湾が一望できる天守台からの風景

戦国時代

洲本

洲本城跡
すもとじょうせき

※階段あり

大阪湾を睥睨する戦国の城跡
へいげい

国の史跡にも指定される山城で、別名三熊城とも
呼ばれる。戦国時代前期に熊野水軍の頭領で三好
氏の重臣、安宅治興により築城されたのが始まり。
現在残る石垣は織田信長時代に四国攻めのための
水軍の城として造成されたものと伝わる。

MAP P92C2 🚗 洲本 IC から車で 20 分または洲本バスセンターから車で 10 分
🏠 洲本市小路谷 1272 ☎ (0799) 22-3321（洲本市商工観光課）
🕐料休 散策自由

由良

生石公園・生石展望台
おいしこうえん　おいしてんぼうだい
（由良砲台跡）
ゆらほうだいあと

明治〜
昭和初期

旧日本陸軍による砲台群跡

大阪湾を守る国防の要と
して明治期に旧日本陸軍に
よって築かれた「由良要塞」
の跡地を公園として整備。
第2次世界大戦後に多くの
砲台が壊され、現在は第1
から5までの砲台跡や弾薬
庫跡を見ることができる。
園内はハイキングコースもあ
り、紀州海峡を望む絶景を
眺めつつ、散策が楽しめる。

左／緑が生い茂る第 3 砲台
跡　上／最初に敵攻撃をする
ために設置された第 1 砲台跡
は明治期前半に造られたもの
下／展望台からは友ヶ島も見
ることができる

MAP P.92C3 🚗 洲本 IC から車で
30 分 🏠 洲本市由良町由良
☎ (0799) 22-3321（洲本市商工観
光課）🕐料休 散策自由

北淡

明治時代

江埼灯台
えさきとうだい

青空に白い灯台がよく映える

空と海に映えるロマンティックなたたずまい

明治 4（1871）年に初点灯して以来、瀬戸内の海
を照らす江埼灯台。目の前に明石海峡大橋を見るこ
とができ、周辺は瀬戸内海国立公園に指定されるこの地
に、石造の低くかわいらしいフォルムでたたずむ。夕日
スポットとしても人気で、2019 年、「恋する灯台」に
認定。

MAP 折り込み Map ① 🚗 淡路 IC から車で 10 分 🏠 淡路
市野島江崎 15-1 ☎ (0799) 72-3420（岩屋観光案内所）
🕐料休 散策自由 🅿 あり

voice 「洲本城跡」に残る「登り石垣」は、全国でも松山城や彦根城をはじめ数ヵ所でしか見られない貴重なもの。これは戦国時代に敵の
侵入を防ぐために採用された石垣普請で、洲本城では天守の東西で見ることができるが、足場が悪いため見学の際はご注意を。

世界最古の人形劇

淡路の伝統芸能・人形浄瑠璃

始まりは約 500 年前という、淡路の伝統芸能・人形浄瑠璃。島の伝統芸能を今に伝える、
常設劇場「淡路人形座」と貴重な資料を展示する「淡路人形浄瑠璃資料館」をご紹介。

福良

あわじにんぎょうざ
淡路人形座

舞台裏見学ツアーも
実施する常設劇場

　始まりは約 500 年前と伝わり、全盛期には 40 以上の座があったといわれる淡路島の伝統芸能・人形浄瑠璃の常設劇場。ここでは舞台裏を見学することができる、バックステージツアーを開催。舞台の構造や仕掛けを見学、淡路人形浄瑠璃の起源といわれる「戎舞」をはじめとする演目の鑑賞をすることができる。淡路島の人々が伝え、守ってきた人形浄瑠璃に舞台裏から触れてみよう！

1 この日の演目は「戎舞」
2 客席の壁には淡路瓦を使用
3 おひねりセットもあり。上演後に渡すのも○

上演前に
おひねりの準備も

伝統産業のひとつ、
淡路瓦を使用した建物

MAP P.98B3　西淡三原 IC、または
淡路島南 IC から車で約 15 分　南あわじ市福良甲 1528-1 地先
(0799)52-0260　開演時間 10:00、11:10、13:30、15:00 の 4 回公演
不定休　公演により異なる　駐車場 あり　URL awajiningyoza.com

日本遺産・淡路人形浄瑠璃って？

　国指定重要無形民俗文化財であり日本遺産にも認定される、淡路人形浄瑠璃。義太夫、太棹三味線と 3 人の人形遣いによって繰り広げられる舞台で、「かしら」と呼ばれる頭が少し大きな人形を使うのが特徴のひとつ。江戸時代の最盛期には 40 以上の人形座があり、「野掛け」と呼ばれる屋外劇場を各地で設営、興業するなど人気を博した。現在もその伝統を後世に伝えるべく、さまざまな取り組みを行う。

VOICE　多いときでは大小合わせて 40 以上の座があったという淡路島の人形浄瑠璃は全国でも興行を行っていたとか。淡路人形座の一座も、
伝統文化を伝えるべく、現在も全国に公演に出かけているそう。

高いものは30cmも！

♪ バックステージツアーで 人形浄瑠璃の舞台裏をチェック！

人形座ではバックステージ見学が可能なツアーを実施。舞台の構造や小道具はもちろん、貴重な文化財も見ることができる。実施日はウェブサイトにて要チェック！

1 舞台の裏側に潜入！ 人形たちがお出迎え

舞台構造などの解説を聞いたら、まずは舞台裏上手に。演目で登場する浄瑠璃の人形たちがずらりと並んで出迎えてくれる。

近くで見ると意外に大きい、淡路人形浄瑠璃の人形。記念撮影も OK ！

2 人形遣いが使う 下駄を履いてみよう

観客席から見えやすいよう、人形遣いたちは高下駄を履いているそう。高下駄を履いて、その高さを体感しよう。

高いものでは 30cm もある高下駄。履いてみるとその高さに驚き！

3 舞台の仕掛けや 文化財を間近で見学

船底と呼ばれる実際の舞台へ。舞台から見る観客席や、場面転換に使用される襖絵の仕掛けなどを見学。

衣裳を披露する「衣裳山」は淡路独特の文化。こちらは 120 〜 130 年前のもの！

躍動感ある表情は迫力満点

最後は戎さまと記念撮影♪

4 大道具や 貴重な床本も

下手には演目で登場する大道具の見学も。ほか、独特の文字で書かれた貴重な床本もすぐ近くで見学できる。

120〜130年前の床本は貴重な文化財のひとつ

5 人形に命を吹き込む 実演と舞台鑑賞で ツアー終了！

最後に人形遣いによる実演。繊細な目の動きや指の動きで、人形たちがまるで生きているかのように動く姿は感動！

3 人で人形を動かす様子を実演。細やかな動きが美しい

貴重な資料がずらり 淡路人形浄瑠璃資料館 [南あわじ]

あわじにんぎょうじょうるりしりょうかん

江戸時代初期から全国で興行、その魅力を伝えてきた淡路人形浄瑠璃をより深く知ることができる資料館。昔の移動式の劇場「野掛け」を再現した舞台、さまざまな人形、豪華な刺繍の衣裳類、道具などを展示・公開。毎週土曜の午後には「でこづくり講座」で人形のかしらを作る教室も開催、淡路島の伝統を未来につなぐ活動も行っている。

おでこの仕掛けにも注目！

左／中央公民館図書館の 2 階に位置。入口には提灯や絵画などが飾られる 右／江戸時代の舞台を再現 下／実際に使用された人形浄瑠璃の道具や衣裳など貴重な資料がずらり

MAP P.98B1 🚗 洲本 IC から車で約 20 分、または西淡三原 IC から車で約 7 分 🏠 南あわじ市三條 880 中央公民館図書館 2F ☎ (0799)42-5115 ⏰ 10:00 〜 17:00 休 月曜（祝日の場合は開館）、祝日の翌日、年末年始 料 入館無料 駐車場 あり URL www.city.minamiawaji.hyogo.jp/soshiki/jyoururi/ningyo.html

---

voice 淡路島では小中学校で淡路人形浄瑠璃のワークショップも多く開催されるそう。資料館には常設展示のほか企画展もあり、淡路島の小学生が描いた人形の絵の展示がされることも。

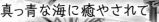

真っ青な海に癒やされて
島の絶景食堂へ

海外リゾートを思わせる施設が続々と登場する淡路島。
島の食材が味わえるカフェやレストランで、
心からのんびりと過ごせる至福のひとときを過ごそう。

北淡

幸せのパンケーキ 淡路島テラス
しあわせのぱんけーき あわじしまてらす

マリンブルーを眺める話題カフェ ※テラス席の
ドッグエリアのみ

ふわふわのパンケーキが自慢のカフェが、県道 31 号線沿い
にリゾート施設をオープン。オープンキッチンで注文ごとに 1 枚
ずつていねいに焼き上げるパンケーキは、人気のスイーツ系か
ら食事系までバリエーション豊富。敷地内には絶景ロケーション
を生かしたフォトスポットのほか、子供広場やいちご農園も。
美しいマリンブルー、水平線に沈んでいく夕日などの海景ととも
に、大人から子供まで思いおもいに過ごせる空間だ。

驚くほどふわふわ食感!

1 波の音が心地よいテラス席は海が目前に
2 淡路島テラス限定の「国産いちごたっぷりのいちごショートパンケー
キ」**3** 青い空と海に映える真っ白な「幸せの鐘」で大切な人と記念撮影

MAP P.80A2 交 北淡ICから車で約4分、高速バス「幸せのパンケー
キ前」下車すぐ 住 淡路市尾崎42-1 電 (0799)85-1111
時 10:00 ～ 20:00(L.O.18:45)・土・日・祝日9:30 ～ 20:00(L.O.18:45)
休 不定休 カード 可 駐車場 あり URL magia.tokyo/awaji

南あわじ

絶景レストラン
うずの丘
ぜっけいれすとらん うずのおか

淡路の美食と絶景を一度に
堪能できる人気スポット!

　うず潮について学べる科学館や淡路島の
特産品を扱うショップを備える複合施設。そ
の 2 階にある、こちらのレストランでは、窓
際の席から鳴門海峡を一望することができ、
最高のロケーションのなかで、淡路島の海の
幸や淡路牛を使った多彩な料理が楽しめる。
なかでもいち押しは、淡路島の絶品生うにを
ベースに仕上げたコク深いスープに、新鮮魚
介をしゃぶしゃぶで食す「うずの丘海鮮うに
しゃぶ」4400 円～（時価）。SNSでも話題
となった名物だ。食後は、絶景を背景にした
テラスにある巨大玉ねぎオブジェの前での記
念撮影もお忘れ
なく。(→ P.78)

景色も料理も話題です!!

窓際の席は先着順。
狙い目はオープン直
後か 14 時頃

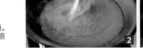

1 淡路島の自然の
恵みをいただく
のに、うってつけ
のロケーション
2 まずは、6 本の
海鮮串を絶品の
スープにくぐら
せていただく
3 生うにを白飯に
のせ「うに丼」
を満喫した後は
「うに雑炊」で❤

MAP P.98A2 交 淡路島南ICから車で約3分 住 南あわじ市福良丙936-3 大鳴門橋記念館2F 電 (0799)52-2888
時 10:00 ～ 15:00(L.O.) 休 火曜 カード 可 駐車場 あり URL rest.uzunokuni.com

Voice　「幸せのパンケーキ淡路島リゾート」の敷地内には完全個室のカフェ＆レストランがあり、眼前に海が広がるプライベートな空間を楽
しめる。また、フランス産高級発酵バターを使用したフィナンシェなどのおみやげを購入できるテイクアウト専門店も。

淡路島の釜揚げしらすがたっぷり！

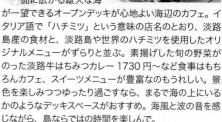

北淡

miele
みえれ

ハチミツがテーマの海辺カフェ

　一面に広がる雄大な海が一望できるオープンデッキが心地よい海辺のカフェ。イタリア語で「ハチミツ」という意味の店名のとおり、淡路島産の食材と、淡路島や世界のハチミツを使用したオリジナルメニューがずらりと並ぶ。素揚げした旬の野菜がのった淡路牛はちみつカレー1730円〜など食事はもちろんカフェ、スイーツメニューが豊富なのもうれしい。景色を楽しみつつゆったり過ごすなら、まるで海の上にいるかのようなデッキスペースがおすすめ。海風と波の音を感じながら、島ならではの時間を楽しんで。

1 淡路島産しらすピッツァ 2100円は、地元で水揚げされたシラスの釜揚げをのせ放題！　**2** 海からの風が吹き抜けるオープンデッキ　**3** 青い海と空に、白い建物がよく映える　**4** 自家製ハニーバナナワッフル（ソフトクリーム付き）1630円

MAP P.80A1　交 淡路ICから車で約15分　住 淡路市野島蟇浦785-9　電 (0799)80-2600　時 11:00〜19:00、土日は10:00〜　※11〜2月は〜18:00　休 火曜　カード 可　駐車場 あり　URL www.miele-da-scuola.com

津名

PASTA FRESCA DAN-MEN
ぱすた ふれすか だん めん

製麺会社直営の生パスタをオーシャンビューとともに

　店内の大きな窓からオーシャンビューが一望できる絶好のロケーションで、生パスタと淡路島の旬の食材を生かした本格イタリアンが楽しめるレストラン。全国約3500店舗以上で採用される生パスタを製造する、淡路麺業唯一の直営レストランだけあって、その味は折り紙付き。ほかディナータイムのみのパスタコースや、2ヵ月に一度パスタ会を開催するなど、パスタ好き必見の1軒。隣接する製麺工場からできたての生パスタが約30種類スタンバイ。四季折々の食材をふんだんに取り入れたソースとともに存分に楽しむことができる。

1 約30種類のバリエーション豊かな生パスタがいただける　**2** 大きな窓からのオーシャンビューもすてき　**3** 香り高い七味がアクセントのとろとろ牛スジ肉のラグー チーズ添え 七味風味 1430円　**4** 魚介のうま味たっぷりのトマトソースが生パスタによく合う人気の定番メニュー海の幸のペスカトーレ 1950円

絶品生パスタを絶景とともに

MAP P.89C2　交 津名一宮ICから車で約5分、津名港バスターミナルから徒歩約10分
住 淡路市生穂新島9-15
電 (0799)64-0777
時 11:00〜15:00(L.O.14:30)、17:00〜21:30(L.O.20:30)、土日祝のカフェは15:00〜17:00も営業　休 木曜　カード 可
駐車場 あり　URL danmen.info

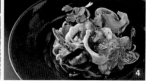

voice　淡路麺業はホテルやイタリア料理店、カフェなど全国約3500店舗以上の飲食店に生パスタを納品する、1909年創業で100年以上続く老舗製麺会社。その生パスタは淡路麺業オンラインショップ（awajimengyo.com）でも購入可能。

67

※ペットはテラスのみ

あわじ島バーガー
淡路島オニオンキッチン うずまちテラス店
あわじしまばーがー あわじしまおにおんきっちん うずまちてらすてん

南あわじ

年間販売個数はなんと15万個!

ご当地!玉ねぎ

全国1位に輝いた
ご当地バーガーは必食!

　第3回のご当地バーガーグランプリで1位に輝いたハンバーガーは必食!分厚い淡路島産玉ねぎカツと、甘辛く炊いた淡路牛はまさに淡路島ならではの味わい。

MAP P.98A2　淡路島南ICから車で約5分
南あわじ市福良丙947-8　(0799)52-1157(株式会社うずのくに南あわじ)
9:00～16:30　木曜(祝日の場合は営業)、12/31・1/1(GW、お盆期間中は営業、12月中旬はメンテナンス休業あり)　カード 可　駐車場 あり　URL uzunokuni.com

1 10種類以上の淡路島ならではのバーガーはどれも絶品
2 天候がよい日は絶景が楽しめるテラス席がおすすめ
3 あわじ島オニオンビーフバーガーセット 1550円はオニオンリングと選べるドリンク付き。単品は850円

美食の宝庫!
淡路島のご当地グルメ

津名

レストラン大公
れすとらんたいこう

島の食材を厳選して使用

ご当地!淡路ビーフ

希少な淡路ビーフを
石焼ステーキで堪能

　厳しい基準をクリアした淡路ビーフのみを扱う専門店。溶岩石プレートでうま味を閉じ込め、ふっくらと焼き上げたステーキが評判。

MAP P.89B2　津名一宮ICから車で約5分
淡路市志筑2821-1　(0799)62-0639
11:00～20:30(L.O.20:00)　火曜
カード 可　駐車場 あり
URL www.taico.sakura.ne.jp

1 古い日本家屋を生かした落ち着いた店内
2 地元客はもちろん県内外からのリピーターも多い
3 石焼ステーキ定食(ロース約110g)4650円～

ご当地!淡路牛

石焼きなのでやけどに注意

津名

麺乃匠 いづも庵
めんのしょう いづもあん

麺づくりのプロが作る
石焼き鍋のアツアツ淡路牛丼

　もちっとした食感とコシの強さを併せもつうどんを楽しめるお店。淡路牛と淡路島産のタマネギを使った牛丼も好評で、石焼き鍋で提供されるので、最後までアツアツで堪能できる。

1 石焼き淡路島牛丼 1200円。和風だしとの相性も抜群!
2 テーブル席のほか、座敷があるのでゆったりと過ごせる
3 国道28号線に立地。20台ほど止められる駐車場も完備

MAP P.89B2　津名一宮ICから車で約6分　淡路市志筑3522-1　(0799)62-6002　11:00～15:00、火・土・日は17:00～21:00(L.O.21:00)も営業
木曜(祝日の場合は翌日)　カード 可　駐車場 あり　URL izumoan.info

VOICE 「麺乃匠 いづも庵」は、創業110年以上麺づくりを続ける製麺所が運営。メニューに合わせて2種類の太さを用意するこだわりぶりだ。名物は淡路島産のタマネギをまるごと1個揚げたインパクト大の玉ねぎつけ麺 華 1000円。細うどんとの相性抜群の一品だ。

新島水産 [洲本]
にいじますいさん

海賊焼きも名物です!

取れたてを提供する島ならではの漁師めし!

鮮度抜群の生サワラ丼 1320 円が自慢のお店。さっぱりとしたなかにも甘さがあり、脂がほどよく乗った切身は絶品!タマネギのマリネとも相性抜群!

ご当地!
サワラ

MAP P.92C3 **交** 洲本ICから車で約30分
住 洲本市由良町由良2581 **電** (0799)27-1786
時 11:00 ～ 14:30(L.O.) **休** 火・水曜、不定休
駐車場 あり
URL www.awajisima.jp

1 一品料理だけでなく、海賊焼きや鍋物も絶品と評判
2 水産卸会社の直営だけに、品質・値段は折り紙付き
3 生サワラ丼は、仕入れ状況により提供不可の場合あり

温暖な気候で海・山の幸が豊富な淡路島には、新鮮な食材を使った美味が盛りだくさん。ご当地だから食べられる、島ならではの美食を楽しんで。

お食事処 浜ちどり [岩屋]
おしょくじどころ はまちどり

生シラスはもちろん、淡路島の食材がてんこもり!

名物「島の生しらす丼」1100 円は、生シラスはもちろん、ブランドのさくら卵や金ゴマなど、淡路島の食材がたっぷり。コクのある黄身と甘い生シラスの共演を楽しんで!

ご当地!
シラス

贅沢な景色と一緒に楽しんで!

スタッフ
東根 巧さん

MAP P.85B2 **交** 淡路ICから車で約5分
住 淡路市岩屋925-27 岩屋ポートターミナル2F **電** (0799)72-2556
時 11:00 ～ 20:00(L.O.) **駐車場** あり
休 火曜(祝日の場合は営業)

1 素材とともに自家製醤油も味の決め手
2 明石海峡大橋を望める店内も魅力!
3 ジェノバラインの乗船場・岩屋ポートターミナルの2階にあるお店

ご当地!
穴子

日替わり定食はワンコイン!食べに来てね♪

カフェあおい [郡家]
かふぇあおい
※小型犬のみ可

新鮮な穴子たっぷりの贅沢丼に舌鼓

朝はモーニングセット、昼は定食を求めて、毎日足を運ぶ地元の常連客が多数。取れたての地穴子をまるごと2匹使った特製穴子丼をはじめ、生しらす丼など島の新鮮魚介を生かしたメニューが揃う。

MAP P.80C3 **交** 津名一宮ICから車で約10分
住 淡路市郡家85-2 **電** (0799)85-0007
時 7:00 ～ 14:00(L.O.13:00) **休** 火曜 **駐車場** あり

1 特製穴子丼 1500 円。旬を迎える夏が特におすすめ
2 海の家を 20 年営んだ店主と仲よしスタッフがお出迎え
3 多賀の浜海水浴場から歩いて 10 分ほどの立地

VOICE 暖かい季節になれば、BBQ 用の食材として、由良港を中心に淡路近海で揚がる海産物をお目当てに「新島水産」へ訪れる人も多い。食事処だけでなく、海産物の販売も行っているので、自宅へのおみやげにもおすすめ。

自分用にもおみやげにも！

淡路島メイドな美味を求めて

農作物や水産物が豊富で食の宝庫として知られる淡路島。そんな食材の魅力を生かした缶詰やコンフィチュール、クラフトビールなど、テイクアウト商品をご紹介！

島の恵みがたっぷり！

五色

YOKACHORO FOOD BASE

よかちょろ ふーど べーす

規格外品や余剰食材を加工する製造所。五色浜の港で春に水揚げされた身の軟らかいサワラをはじめ、福良の水産会社から仕入れた天然のハモ、近隣農家の葉玉ねぎなど、使用する食材のほとんどが淡路島産。そんな淡路島の魅力がギュッと凝縮された缶詰や瓶詰をゲットしよう。

元商店をリノベーション。廃材も無駄なく再利用されている

上／左からサワラのツナ缶 - オイル 1180円、活き〆ハモのガスパッチョ 1080円、タマネギの葉っぱを使った Green Dip dre 820円 下／日本酒なども販売

MAP P.80B2 **交** 淡路島中央スマート IC から車で約 20 分 **住** 洲本市五色町鳥飼上 952 **電** なし **時** 5・6・7のつく日の 11:00 〜 17:00 **カード** 不可 **駐車場** あり **URL** yokachoro.theshop.jp

---

南あわじ

NAMI NO OTO

なみ の おと ぶるーいんぐ

左から、さわやかな香りの BELGIAN WHITE with なるとオレンジ、桃の風味豊かな momo topia、ドライな BRUT HAZY IPA。350㎖ 737 円〜

2023 年にオープンしたクラフトビール醸造所。淡路島で活動する生産者から仕入れた素材をビールへと昇華した味わい深い 1 杯を楽しめる。使用する副原料は、なるとオレンジや桃、ブドウをはじめ、米や新生姜まで多種多様。季節により異なるが随時 4 〜 6 種ほど提供されている。

大阪から移住した河野夫妻が二人三脚で営業する

ビールをおみやげに！

ケーキも豊富に用意♪

津名

ホシノカジツエン
Bloom

ほしのかじつえんぶるーむ

イチゴを栽培する農園が展開する体験型複合施設。カフェやジェラート専門店、体験工房が入っており、パティスリーでは、淡路島のフルーツを使用したコンフィチュールを販売。なるとオレンジ、イチゴ、イチジクなど甘さ控えめで食べやすいものが揃う。

上／淡路島なるとオレンジのマーマレード 135g 1296 円 下／淡路島産イチジクを使った幸せイチジクのコンフィチュール 135g 864 円

MAP P.89C1 **交** 東浦 IC から車で約 20 分 **住** 淡路市佐野 2416-6 **電** (0799)70-9121 **時** 8:00 〜 18:00 **休** 火曜 **カード** 可 **駐車場** あり

自家製いちごジャム＆ミルクなどジェラートも人気

洲本

チーズ&ピザワークス淡路島
ちーずあんどぴざわーくすあわじしま

洲本市の牧場から届く生乳を使い、発酵、凝固させて練り上げたフレッシュチーズはすべて店内で毎朝手作りされる。モッツァレラやブッラータはバルサミコ酢、リコッタはハチミツをお好みでかけていただこう。また、自家製チーズがたっぷりのった高温で焼き上げるピッツァも好評だ。

もちもちの弾力が Good！

ミルクの風味がほどよく口に
広がるモッツァレラ 700 円

まろやかでさっぱりした味わいのリコッタ 800 円

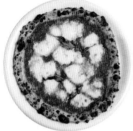

島食材たっぷりのマルゲリータ 1400 円

左／牧場と工房の移動は約 10 分。それゆえ新鮮なチーズを作ることができる　上／元紡績工場だったれんがが造りの建物内で販売

MAP P.92B1　**交** 淡路島中央スマート IC から車で約 10 分　**住** 洲本市塩屋 1-1-8　**電** (0799)25-1500　**時** 10:00 〜 21:00 (L.O.20:00)　**休** 火曜　**カード** 可　**駐車場** あり　**URL** alphavia.jp

BREWING

左から、都美人酒造の米麹を使ったWA SAISON、自凝雫塩が利いたトロピカルな味わいの BIG WEDNESDAY
※ラインアップは季節により異なる

直売所では、缶のほか量り売りも。
500mℓ900 円〜

MAP P.98B1　**交** 西淡三原 IC から車で約 6 分　**住** 南あわじ市松帆古津路714-1　**電** (0799)20-6217　**時** 11:00 〜 15:00、土曜は〜 17:00　**休** 日〜木曜　**カード** 可　**駐車場** あり　**URL** naminootobeer.com

辛さのなかにコクがある！

左／南あわじ産の白菜を使った白菜キムチ 550 円(中)。時期により淡路島産ではない場合もあり 右／生たこキムチ 900 円も人気

下／アカオニ 550 円には、成井さんちの完熟たまねぎ®を使用　上／ランチやディナーもあり、韓国料理も提供

洲本

淡路島キムチ
あわじしまきむち

キムチメーカーで働いていた店主の東田さんが友人の誘いを機にオープン。タマネギ、タコなどの特産を使うほかキムチペーストにも淡路島産の魚介や野菜、果物を入れるというこだわりぶり。さらに塩で漬け込み熟成発酵させた淡路島のイワシを入れることでコク深い味わいに。

MAP P.92B1　**交** 淡路島中央スマート IC から車で約 12 分　**住** 洲本市本町 2-3-2　**電** (0799)20-5605　**時** 10:00 〜 18:00 (ランチは 11:00 〜 15:00、金・土曜、祝前日のみディナー 17:00 〜 22:00)　**休** 火曜　**カード** 可　**駐車場** あり　**URL** awajisima-kimchi.com

voice 「YOKACHORO FOOD BASE」では、お酒好きの店主が厳選した日本酒やナチュールワインが並び、角打ちも楽しめる。また、店の横の畑で栽培した「亀の尾」という酒米を使ったオリジナルの日本酒を、知り合いの酒蔵に頼み醸造中。2024 年 6 月頃から販売予定だ。

道の駅＆産直市へ行こう！

岩屋
道の駅あわじ
みちのえきあわじ

明石海峡大橋をローアングルから一望できる絶景自慢の道の駅。自社工場で製造するオリジナルのみやげ物が評判。淡路島の名物グルメが楽しめる食事処も豊富に揃う。

海苔が一番人気！

生しらすの沖漬け
680円
新鮮な生シラスのみを使用。ご飯のお供にぜひ

新芽一番摘み
150g 640円
漁師町ならではの生食感が人気の季節限定商品

たまねぎスープ
10食入498円
トッピングのフライドオニオンもポイント

MAP P.85A1　淡路ICから車で約5分　淡路市岩屋1873-1　(0799)72-0001　9:30～17:30(土・日曜、祝日は9:00～17:30、12～2月の平日は9:30～17:00、レストランは11:00～17:00L.O.)　無休
カード 可　駐車場 あり　URL michi-awaji.co.jp

東浦
道の駅東浦ターミナルパーク
みちのえきひがしうらたーみなるぱーく

カフェや美術館、陶芸館などを併設する道の駅。吹き戻しの里直営店の「ゆめの浜」と姿焼きやお酒を販売する「やま高」の2店でおみやげを購入することができる。

名物多数！

新鮮な農産物はもちろん
多数揃う淡路名物も魅力

やま高

いかの姿焼　1650円
イカを1匹まるごとプレス機でつぶして焼いた一品を販売

千夢酔 720ml
1650円
震災復興のシンボルとして作られたお酒

ゆめの浜

玉ねぎせんべい素焼
15枚入648円
タマネギの甘味と旨味が抜群のせんべい

面付き吹き戻し
1個132円
花や動物など面の種類が豊富な吹き戻し

MAP P.85C2　東浦ICから車で約1分
淡路市浦648　(0799)64-0001
(淡路市商工観光課)※カーナビ設定不可
9:00～18:00(店舗により異なる)
無休　駐車場 126台

津名周辺
スーパーkinki 志筑本店
すーぱーきんき しづきほんてん

東浦漁港や仮屋漁港など近隣漁港のせりで仕入れた取れたての鮮魚がずらり。ねらい目は、昼網の魚が並ぶ午後3～4時頃。淡路ビーフや淡路どりなど淡路産の肉類も豊富に揃っている。

地元民御用達のスーパー！

ねらい目は午後3～4時頃！
昼網の新鮮魚がずらり

若鶏チューリップ
100g 128円
淡路どりのチューリップ。手間がかかるのでレアな商品

真鯛
100g 128円
岩屋魚港で水揚げされた真鯛。秋は脂がのって美味

生カマス開き
380円
東浦の漁港から直送。下処理されているのもうれしい

MAP P.89B2　津名一宮ICから車で約5分　淡路市志筑1381-3　(0799)62-1535
9:30～21:00　1/1～1/3　カード 可　駐車場 あり　URL kinki-super.com

淡路島内に点在する道の駅＆産直市場では、島の旬の食材や加工品がずらり。
島の美食をお持ち帰りして、家はもちろんおみやげにして淡路島の美味をお裾分けしよう。

洲本

御食菜采館
みけつさいさいかん

特産のタマネギをはじめ、野菜や果物などが並ぶ産直所。そのほとんどが淡路島産のもので、なかにはナツメやジャンボニンニクなどレアな食材も。ジャムやドレッシングなど加工品も充実。

地元農家から毎日届く
島の野菜や果物をゲット！

淡路島の野菜の多さにびっくり！

タマネギ
甘味成分が多いタマネギ。季節により多彩な品種が揃う

オークリーフ
葉が巻かずに育つのが特徴。サラダにぴったり

いちごジャム
620 円
淡路島産イチゴを使用した無添加の手作りジャム

MAP P.92B1 **交** 洲本ICから車で約10分 **住** 洲本市本町2-3-19 **電** (0799)23-1129
時 9:00 ～ 18:00 **休** 水曜、年末年始 **カード** 可 **駐車場** あり **URL** ja-awajihinode.com/tyokubai

福良

福良マルシェ
ふくらまるしぇ

"地元のおいしいものだけ"をセレクト、野菜と魚、加工品をおもに扱う。地元の仲買人・クボタ水産から届く旬魚の数々は、鮮度はもちろん、その値段も魅力だけに要注目！

うまいッチャ
ズラリ

リピート必至の品質と
値段は足を運ぶ価値アリ！

鳴門オレンジマーマレード
648 円
淡路島育ちのオレンジマーマレード

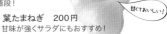

甘くておいしい！

朝じめウマヅラハギ
945円～
濃厚なキモまで付いて、なんとこのお値段！

葉たまねぎ 200 円
甘味が強くサラダにもおすすめ！

MAP P.98B3 **交** 西淡三原ICから車で約15分 **住** 南あわじ市福良甲1530-2 **電** (0799)52-1244
時 9:30～17:00 **休** 無休 **駐車場** あり **URL** fukura-marche.business.site

南あわじ

美菜恋来屋
みなこいこいや

南あわじ市を中心に淡路島の生鮮３品を中心に扱う兵庫県最大級の直売所。鮮度抜群の生鮮品に加え、タマネギの加工品だけでも280種のラインアップを誇る商品点数は圧巻！

食事処もあり！

淡路のたまねぎ
180円～
葉タマネギ、極早生、早生、中生、晩生など季節ごとのタマネギが楽しめる

兵庫県最大級の
農畜水産物直売所！

淡路ビーフ
100g 1620円～
希少な淡路ビーフのサーロイン

上質なお肉！

キムチの玉様
600 円
こんな珍しい加工品も。タマネギのキムチ

MAP P.98C1 **交** 西淡三原ICから車で約13分 **住** 南あわじ市八木養宜上1408 **電** (0799)43-3751
時 9:00 ～ 18:00 **休** 火曜(臨時営業あり) **カード** 可 **駐車場** あり **URL** www.minacoicoiya.com

「淡路島タマネギ」を徹底吟味

知る 楽しむ

甘くて軟らかい特徴が評判となり、今や全国的にも知名度が高い「淡路島タマネギ」。そのおいしさの秘訣やタマネギを使ったユニークな試みを紹介。これであなたも淡路島タマネギ通に！

この方々にお伺いしました

成井一智さん（左）
成井修司さん（右）

「淡路島タマネギ」のプロにアレコレ聞いてみました！

どうして甘くて軟らかいの？

淡路島は大昔は海だったためミネラルが豊富で、牛フンを堆肥とした土壌のほかに日照時間にも甘さの秘密があります。苗植えから収穫まで約6〜8ヵ月かけることで太陽の光を浴びる時間が増え、甘くて軟らかいタマネギになります。

「淡路島タマネギ」って何がすごいの？

淡路島タマネギの特徴は何といっても、甘くて軟らかいこと。淡路島の気候、土壌の特性もあり、ほかの産地と比べても、辛味を出すピルビン酸が少ないこともわかっています。

太陽の光をたっぷり浴びます

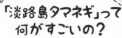

「淡路島タマネギ」は田んぼで作られているって本当？

本当です。初夏〜秋にかけてお米が作られた田んぼで栽培されている農家が多いです。稲刈りからタマネギの苗植えの間に、レタスなどを栽培するところもあります。

おいしい食べ方は？

淡路島タマネギの甘さを楽しむなら、厚めに輪切りして蒸し焼きにするのがおすすめ。バターと醤油を少し入れてもおいしいです。4〜5月にかけて収穫される早生はサラダなど、生で食べても絶品。

農作物がよく育つ

ユニークな
タマネギを使って
撮る！かぶる！
楽しむ！

おっタマげ！淡路島とは

玉葱雄(たまねぎお)さん

タマネギを使って、みんながおっタマげることを発信。タマネギのクレーンゲームやタマネギカツラなどユニークなものが並ぶ。

色は2種から選べるよー

撮る！

絶景のなかに溶け込む
タマネギオブジェ

おっ玉葱

高さ2.8m、直径2.5mの巨大なタマネギオブジェ。そのサイズは淡路島の人々のタマネギに対する愛の大きさだ。
設置場所：うずの丘大鳴門橋記念館
→ P.99

一緒に撮影しよう！

#おっ玉葱

新しい企画も続々登場！

かぶる！

タマネギヘアで
お買い物を満喫

たまねぎカツラ

タマネギヘアのカツラをかぶり、タマネギになった気分で写真撮影やお買い物ができる。赤ちゃんや犬用のカツラも用意されているので、家族全員で記念撮影しよう！
設置場所：うずの丘大鳴門橋記念館→ P.99

カツラをかぶってチャレンジ！

ネオンと記念撮影！

ゲットできるかな？

淡路島の魅力を
ネオンアートに！

タマデン

タマネギをはじめ、淡路島の特産などをモチーフにしたネオンアート。真ん中の座布団に座るとタマネギネオンが点滅する仕掛けも！
設置場所：あわじ島バーガー 淡路島オニオンキッチン うずまちテラス店→ P.68

本物のタマネギが
クレーンゲームの中に!?

楽しむ！

タマネギ柄のピアノで
メロディを奏でる

たまねぎキャッチャー

本物のタマネギが入ったクレーンゲーム。楽しみながら淡路島の特産をゲットしよう！
設置場所：うずの丘大鳴門橋記念館→ P.99

しち玉ピアノ

閉校となった小学校のピアノをタマネギ柄にラッピングされたストリートピアノとして再生。誰でも自由に演奏することができる。
設置場所：うずの丘大鳴門橋記念公園→ P.99

淡路島
島人インタビュー
3
Islanders' Interview

瓦工場で本格的な瓦割り!?
淡路瓦を五感で体感すべし

工場で焼成前の瓦を手に淡路瓦の説明。これを焼成すると、いぶし銀の輝きを放つ

有限会社谷池健司製瓦所
代表取締役 谷池 永充さん
たにいけ ひさみつ

谷池さんが開発したオリジナル商品『塀瓦 ニッポン』

瓦割りに未来を見出した淡路瓦窯元の4代目

三州瓦（愛知県三河地方）、石州瓦（島根県石見地方）とともに、日本三大瓦のひとつに名を連ねる淡路島の特産品、淡路瓦。その起源は江戸時代初期にまで遡り、以来400年以上の歴史を重ねてきた。島内有数の産地である南あわじ市津井地区には、現在も瓦製造の工場が数多く立ち並んでいる。

そのひとつ、谷池健司製瓦所には、瓦工場らしからぬユニークな体験施設がある。名づけて「瓦割り体験道場」。運営するのは、工場の

瓦割り体験用の瓦『空手瓦』は、割れやすさの度合いによって3段階のラインアップ

4代目当主、谷池永充さんだ。

「瓦屋の息子として生まれ育ち、高校を卒業して家業へ入りました。当初は、ただ何となく仕事をこなしていたんですが、年を重ねるに連れ『これでええんか？』と自分の瓦造りに疑問を抱くようになったんです。日本家屋が減って瓦の需要も落ち込むなかで、下請け仕事を注文どおりにこなすだけの受け身やったら、未来はない。自分からアクションを起こして、何かを発信していかなあかん、と……」

そう考えた谷池さんは、アクションのひとつとして空手の演武などに使われる瓦割り用の瓦「空手瓦」を造り、ネット販売を始めた。

体験道場と本業の両輪で淡路瓦の魅力を広く発信

「伝統ある淡路瓦の窯元が割るための瓦を作って売るとか、変な話ですよね（笑）。ただ、どんなカタチでもいいから、瓦というアイテムに興味関心をもってもらいたい。その一心でしたね」

そんな谷池さんのアクションと発信に対し、「瓦を割らせてほしい」と工場を訪ねてくる人が次第に増え

ていったという。

「それまで工場に人が来ることなんかなかったので、最初は戸惑いました。しかも、瓦屋へ瓦を割るために来られるんですから（笑）」

一方で、直接見たり触れたりしながら淡路瓦のことを知ってもらえるという点では、とてもよいPRになることも実感したという谷池さん。2012年には、工場2階の一角を改修し、『瓦割り体験道場』を開設した。さまざまなメディアで取り上げられたほか、来場者の口コミでも話題が拡散。多くの人々に、瓦割り体験を通じて淡路瓦の魅力を発信している。

もちろん、瓦割り体験道場の運営だけでなく、本業である瓦造りにおいても、持ち前のバイタリティーを発揮。淡路瓦の伝統を踏襲しつつ、時代に調和した新しい瓦の開発にも余念がない。

「淡路瓦は『いぶし瓦』とも呼ばれるとおり、いぶし銀の美しい輝きが魅力です。昔ながらの瓦屋根の建物が減っている今だからこそ、現代の建築様式にマッチした瓦造りで、淡路瓦の魅力を広く発信していきたいですね」

島全域に魅力がいっぱい詰まってます♪

淡路島の歩き方
Area Guide

注目のスポットが続々と登場する北淡・野島エリアや

古い町並みが残る南あわじなど

島の各エリアの見どころをご紹介します！

眼前に広がる雄大な景色を拝む

淡路島を彩る絶景スポット10

淡路サンセットライン
西海岸を南北に走る県道31号は、ほとんどの場所から瀬戸内海に沈む美しい夕日を望める。

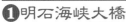

なだらかに広がる高原に花が咲き誇るスポットや、
「日本の夕陽百選」に選ばれる景勝地など、
淡路島には絶景スポットが盛りだくさん。
感動的な景色を見に行こう！

❶明石海峡大橋
MAP P.85B1　［岩屋］

本州と淡路島をつなぐ世界最長のつり橋。明石海峡大橋の真下にある道の駅あわじ（→ P.72）も、絶好の撮影スポットのひとつ。敷地内には緑豊かな公園もあり、間近に見える明石海峡大橋が迫力満点。青い空に浮かんでいるような橋を撮影しよう。

❷ うずの丘 大鳴門橋記念館
MAP P.98A2　［南あわじ］

淡路島の南、徳島県と島をつなぐ大鳴門橋の入口にある大鳴門橋記念館。レストランやショップなどがある複合施設で、敷地内には「おっ玉葱」のオブジェも。向こうに見える橋と、芝生の上のオブジェは絶好の撮影スポットとしても人気。
→ P.99

❹ 灘黒岩水仙郷
MAP P.98C2　［南あわじ］

野生の水仙の日本三大群生地のひとつ。諭鶴羽山の南側、45度の急斜面に500万本の水仙が12月下旬頃から開花、2月下旬まで白く可憐な花の絨毯が一面に広がる。周辺は遊歩道が整備されており、のんびり散策できる。
→ P.52

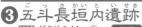

❸五斗長垣内遺跡
MAP 折り込み Map ①　［北淡］

黒谷地区の小高い丘にある五斗長垣内遺跡では、復元した竪穴建物と遠くに見える青い海がよく映える。国内最大規模の弥生時代後期の鉄器生産遺跡に立って、雄大な海を眺めつつ、はるかなる古の時代に思いをはせれば、ゆるりとした島時間ならではの過ごし方ができる。→ P.62

❻上立神岩

MAP P.98C3 　南あわじ

国生み伝説が残る沼島にある奇岩、上立神岩。天に向かってそびえ立つ岩には、よく見るとハートの形が。伊弉諾尊と伊弉冉尊が結婚した地のハート形をもつ岩は、恋愛の御利益ありと、近年パワースポットとしても人気。→ P.58

❺洲本城跡

MAP P.92C2 　洲本

標高133mの三熊山山上に残る洲本城跡。国指定史跡にも定められており、洲本城の天守からは洲本市街地と大阪湾を一望することができる。洲本八景のひとつに選ばれるほどの絶景で、晴れた日は紀淡海峡を挟んで遠く和歌山を見ることができる。→ P.63

❼兵庫県立公園 あわじ花さじき

MAP P.80B1 　北淡

花の島とも呼ばれる淡路島の花の名所で、四季折々の花が楽しめるあわじ花さじき。標高298 ～ 235mのなだらかな丘陵地一面の花畑は壮観！ 明石海峡や大阪湾とともに花の大パノラマで心癒やされる。→ P.51

❽若人の広場公園

MAP P.98B2 　南あわじ

第2次世界大戦中に学業半ばで亡くなった学徒を追悼する施設。大見山頂上からは、丹下健三氏設計の記念塔を中心とし、鳴門海峡や福良湾、阿万・吹上浜が広がるパノラマ風景を望める。3月上旬から4月上旬までは、ソメイヨシノなどの桜が咲き誇り、景観に彩りを添えている。→ P.41

❾うずしおクルーズ

MAP P.98A3 　福良

淡路島の最南端、福良港から出航、鳴門海峡を周遊、うず潮を間近で見ることができるクルーズ船。自然が生み出す壮大な風景は圧巻！ 海上を遊覧しつつ、世界最大級のうず潮の迫力を体感しよう。→ P.46

❿慶野松原

MAP P.80A3 　慶野

万葉集にも詠まれ、古くから風光明媚な景勝地として知られる慶野松原。約2.5kmの白い砂浜に約5万本の淡路黒松が生い茂る白砂青松の松原。夏は海水浴場もあり、1年中多くの人が訪れる観光地としても人気。瀬戸内海に沈む夕日も絶景だ。

北淡・五色周辺・慶野松原

はくだん こしき けいのまつばら

淡路島のエンタメを凝縮したエリア

HELLO KITTY SMILE をはじめ新たな魅力を発信する施設を有する北淡。緑豊かな自然公園や歴史的名所などいたるところで淡路島の文化が満喫できる。

📷 観る・遊ぶ
新旧の見どころが西海岸沿いに点在
万葉集にも詠まれた景勝地や国生み神話ゆかりの神社、人気キャラクターのテーマパークなど、新旧の多彩な見どころが点在で目移り必至。

🍽 食べる・飲む
絶景もごちそうのグルメ激戦区
西海岸沿いを走る県道31号線「サンセットライン」は、海の絶景を楽しめるお店の激戦区。ランチ、カフェ、ディナーとハシゴするのもおもしろい。

🎁 買う
島の「香り」をおみやげに
おみやげを探すなら、シェア日本一を誇る線香の町、淡路市江井地区へ。線香だけでなく、多彩な香りアイテムからお気に入りが見つかる。

🏠 泊まる
宿探しに困らない多彩なラインアップ
人気のグランピング施設から、アットホームな旅館、オーシャンビューのリゾートホテルまで、宿泊施設のラインアップは多彩。

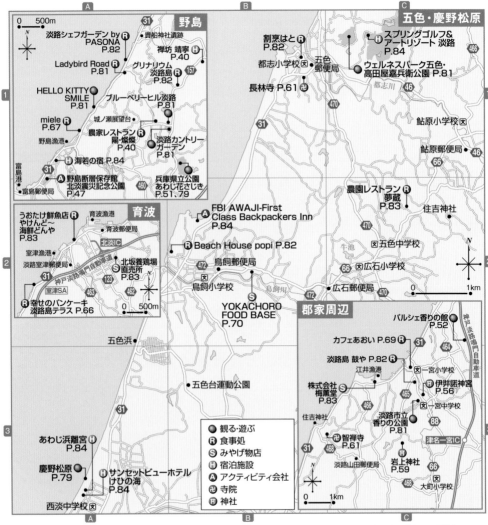

野島

五色・慶野松原

0 500m

淡路シェフガーデン by PASONA P.82
貴船神社遺跡
禅坊 靖寧 P.40
Ladybird Road P.81
グリナリウム淡路島 P.82
157
HELLO KITTY SMILE P.81
ブルーベリーヒル淡路 P.81
miele P.67
城ノ瀬展望台
農家レストラン陽・燦燦 P.40
淡路カントリーガーデン P.81
野島漁港
海若の宿 P.84
野島断層保存館 北淡震災記念公園 P.47
460
兵庫県立公園 あわじ花さじき P.51・79
富島港
富島郵便局

割烹はと P.82
都志小学校
五色郵便局
長林寺 P.61
31
都志川
470
466

スプリングゴルフ&アートリゾート 淡路 P.84
ウェルネスパーク五色・高田屋嘉兵衛公園 P.81
46
鮎原小学校
鮎原郵便局
66
46
農園レストラン夢蔵 P.83
住吉神社
470

育波
うおたけ鮮魚店 やけんど～ 海鮮どんや P.83
育波漁港
育波郵便局
北淡IC
室津漁港
淡路室津郵便局
神戸淡路鳴門自動車道
31
室津SA
123
463
462
幸せのパンケーキ 淡路島テラス P.66
0 500m

FBI AWAJI-First Class Backpackers Inn P.84
Beach House popi P.82
472
鳥飼郵便局
北坂養鶏場 直売所 P.83
鳥飼小学校
鳥飼川
472
YOKACHORO FOOD BASE P.70

牛池
五色中学校
66
広石小学校
広石郵便局
470
0 1km

郡家周辺
パルシェ香りの館 P.52
カフェあおい P.69
淡路島 鼓や P.82
江井漁港
一宮小学校
株式会社梅薫堂 P.83
伊弉諾神宮 P.56
淡路市立 香りの公園 P.81
住吉神社
一宮中学校
88
智禅寺 P.61
岩上神社 P.59
津名一宮IC
淡路山田郵便局
66
468
大町小学校

五色浜
五色台運動公園

あわじ浜離宮 P.84
慶野松原 P.79
サンセットビューホテル けひの海 P.84
西淡中学校
0 1km

●	観る・遊ぶ
R	食事処
S	みやげ物店
H	宿泊施設
A	アクティビティ会社
卍	寺院
円	神社

神戸淡路鳴門自動車道
464
31
466
465

voice「淡路シェフガーデン by PASONA」は、淡路サンセットラインのルートにあるので、美しい夕景が望める。敷地内にはテラス席があるので、料理をテイクアウトして持ち寄って食べるのもあり。水平線に沈む夕日を眺めながら食事と景色を楽しもう。

📷 公園　エリア 五色周辺　MAP P.80C1

ウェルネスパーク五色・高田屋嘉兵衛公園
うぇるねすぱーくごしき・たかたやかへえこうえん

高田屋嘉兵衛の偉業を知る

高田屋嘉兵衛の功績を紹介する資料館や宿泊施設、キャンプ場などを備える総合公園。

🚗 北淡ICから車で約30分または淡路島中央スマートICから車で約20分、高速バス三ノ宮・西浦線高田屋嘉兵衛公園下車すぐ　🏠 洲本市五色町都志1087　📞 (0799)33-1600　🕐 8:00 ～ 22:00(施設により異なる)　🚫 施設メンテナンスのため1・6月に臨時休園あり(ほか施設により異なる)　💴 入園無料　[カード] 公共の宿浜千鳥のみ利用可　🅿 あり　[URL] www.takataya.jp

📷 農園　エリア 北淡　MAP P.80B1

ブルーベリーヒル淡路
ぶるーべりーひるあわじ

甘酸っぱいブルーベリーを心ゆくまで

広大な敷地に36種1000本ものブルーベリーの木が栽培されており、時間無制限でブルーベリー狩りや食べ放題を楽しむことができる。6月中旬～8月末の期間限定営業。

🚗 淡路ICまたは東浦ICから車で10分　🏠 淡路市野島常盤1015-18　📞 090-3788-3971　🕐 9:00 ～ 16:00(最終受付15:00)　🚫 水曜　🅿 あり　[URL] bbh-awaji.com

📷 牧場　エリア 北淡　MAP P.80B1

淡路カントリーガーデン
あわじかんとりーがーでん

緑の高原で触れ合い体験

餌やりを通して動物との触れ合いを楽しめる自然公園。ハンバーガーショップやBBQレストランなど飲食施設も充実しており、宿泊可能なコテージを完備している。

🚗 淡路ICから車で約10分　🏠 淡路市野島常盤1463-6　📞 (0799)82-2953　🕐 10:30 ～ 17:00　🚫 水曜、ほか臨時休業あり　🅿 あり　[URL] awaji-garden.jp

📷 植物園　エリア 郡家周辺　MAP P.80C3

淡路市立香りの公園
あわじしりつかおりのこうえん

見て、触れて体感するハーブの魅力

豊かな自然の中で鳥や虫の声を聞きながらハーブの魅力を堪能できる。園内では約60種類のハーブと50種類近くの芳香樹木が栽培され花々が多く咲く4 ～ 10月頃が見頃。

🚗 津名一宮ICから車で10分、高速バスまたは路線バス伊弉諾神宮前バス停下車徒歩5分　🏠 淡路市多賀530-1　📞 (0799)85-2330　💴 入園無料　🅿 あり　[URL] www.kaori-Park.com

📷 テーマパーク　エリア 野島　MAP P.80A1

HELLO KITTY SMILE
はろー きてぃ すまいる

食べて遊んでハローキティの世界を満喫

プロジェクションマッピングや最新のIT技術での体験など、さまざまな趣向でハローキティが堪能できる。館内には2つのレストランとショップなども併設されている。

上／乙姫竜宮城　左下／レストラン玉手箱「竜宮土鍋セット」3800円　右下／西海岸の海沿いに立地

🚗 淡路ICまたは北淡ICから車で約10分、淡路ICからシャトルバスで約10分　🏠 淡路市野島蟇浦985-1　📞 (0799)70-9037　🕐 11:00 ～ 19:00(土・日曜は10:00 ～)　🚫 火曜　💴 13歳以上1500円、4 ～ 12歳500円、3歳以下無料　[カード] 可　🅿 あり　[URL] awaji-resort.com/hellokittysmile
© 2024 SANRIO CO., LTD. APPROVAL NO. L640005

🍽 複合施設　エリア 北淡　MAP P.80A1

Ladybird Road
れでぃーばーど ろーど

レストランやマルシェが一堂に集結

ヨーロッパのようなカラフルな街並みを再現。洋食、鉄板焼き、ラーメンなど多彩なレストランは、いずれも淡路島の食材をふんだんに使用。新鮮野菜が並ぶマルシェも。

上／異国のような空間　左下／Donna「選べる洋食ランチセットビフカツ」2800円　右下／轟木「京ばんざい御膳 松」2980円

🚗 淡路ICから車で約15分　🏠 淡路市野島轟木時清水95-7　📞 (0799)64-7530(Ladybird Road事務局)　🕐 店舗により異なる　🚫 店舗により異なる　[カード] 可　🅿 あり　[URL] awajishima-resort.com/shop/ladybird-road

🏆 フードコート　エリア 北淡　MAP P.80A1

淡路シェフガーデン by PASONA
あわじしぇふがーでん ばい ぱそな

全国の人気店が自慢のメニューを提供

　お好み焼き・鉄板焼きや寿司店をはじめ、全国から約16の人気店が集結。カラフルなコンテナや海沿いのテラス席で、淡路島の新鮮食材を使った多彩なグルメが味わえる。

上／西海岸に位置 左下／HINOMARU「日の丸海鮮漬け丼」1760円 右下／てつ「ホルモン焼きそば」1500円

🚗 淡路ICから車で15分　🏠 淡路市野島大川57-3　📞 080-8177-4501　🕐 11:00～20:00　❎ 店舗により異なる　🅿 あり　URL awaji-chefgarden.com

---

🏆 レストラン＆カフェ　エリア 野島　MAP P.80B1

グリナリウム淡路島
ぐりなりうむあわじしま

イチゴピクニックを体験

　頭上に広がるイチゴを見上げながらハウス内でピクニックを楽しめるイチゴ狩りスポット。地元食材を使ったレストラン＆カフェを併設している。

🚗 淡路ICから車で約10分　🏠 淡路市野島常盤1550-10　📞 (0799)70-5116　🕐 11:00～17:30(L.O.17:00)※季節によって変動あり　❎ 火曜(祝日の場合は翌日)　カード 可　🅿 あり　URL www.greenarium.jp

---

🏆 割烹　エリア 五色周辺　MAP P.80B1

割烹はと
かっぽうはと

淡路の滋味を絶品コースで

　淡路島の食材の魅力を最大限に引き出した懐石コースを1万2000円～で提供。滋味あふれる料理の数々を堪能しよう。

🚗 北淡ICから車で30分または津名一宮ICから車で20分　🏠 洲本市五色町都志万歳523-2　📞 (0799)33-0001　🕐 昼12:00～14:00、夜18:00～22:00(完全予約制、1日前までに要予約)　❎ 火曜　カード 可　🅿 あり　URL kappou-hato.com

---

🏆 海の家　エリア 五色周辺　MAP P.80B2

Beach House popi
びーちはうす ほぴ

のんびり滞在でグルメも海遊びも

　海水浴場を目の前にBBQを満喫できる海の家。最大8時間の滞在が可能で、SUPなどマリンレジャー用品の貸し出しも。そのほか、グランピングドームテントで宿泊が楽しめる。

上／BBQプランは1人3300円 左下／眼前の海でSUP体験も 右下／リゾート感満載

🚗 西淡三原ICから車で15分　🏠 洲本市五色町鳥飼浦2536　📞 (0799)34-0329　🕐 11:30～19:00　❎ 完全予約制　カード 可　🅿 あり　URL beachhousepopi.com

---

🏆 レストラン　エリア 北淡　MAP P.80C3

淡路島 鼓や
あわじしま つづみや

オリジナルメニューが豊富！

　鮮魚や淡路牛など淡路の食材をフル活用し、お手頃な定食から豪華なコース料理まで幅広く味わうことができる。鯛や鱧、3年とらふぐなど季節限定メニューにも要注目。

上／淡路島定食 2300円 左下／和モダンのおしゃれな店内 右下／風情漂う外観も魅力

🚗 津名一宮ICから車で8分　🏠 淡路市多賀1119-52　📞 (0799)85-0167　🕐 12:00～14:00、17:00～20:00(L.O.)　❎ 水・木曜　カード 不可(PayPayは可)　🅿 あり　URL tudumiya.jp

---

voice 「HELLO KITTY SMILE」(→P.81)のアトリエスマイルでは楽しいイベントが盛りだくさん。自分だけのハローキティを作ることができる素焼き体験のほか、ゲームや音楽のステージも行われ、1日中楽しむことができる。

農園レストラン　エリア 五色周辺　MAP P.80C2

農園レストラン夢蔵
のうえんれすとらんゆめぐら

淡路の食材で生み出す和フレンチ

　掘りごたつや縁側など昔ながらの雰囲気を味わえる築80年の古民家レストラン。自家栽培の野菜と旬の食材をふんだんに使用した和フレンチのコース（完全予約制）が人気。

上／旬のおまかせコース4400円　左下／和室＋フレンチがすてき　右下／築80年の古民家を利用

🚗 津名一宮ICから車で20分　🏠 洲本市五色町鮎原小山田89
☎ (0799)30-2260　🕐 ランチ11:30 〜 14:30L.O.、ディナー18:30 〜 20:00 L.O.（完全予約制）　🏖 不定休　🅿 あり
URL yumegura.jimdofree.com

食事処　エリア 育波　MAP P.80A2

うおたけ鮮魚店 やけんど〜海鮮どんや
うおたけせんぎょてん やけんど〜かいせんどんや

淡路の海の幸を丼いっぱいに

　創業40年を超える老舗鮮魚店直営の海鮮丼専門店。約10種のネタが入った海鮮丼1800円で淡路の海の幸をめいっぱい味わおう。テラス席ではペットの同伴も可能。

🚗 北淡ICから車で3分　🏠 淡路市育波584-1
☎ (0799)84-1120　🕐 11:00 〜 14:30、土日祝は10:30 〜（売り切れ次第終了）　🏖 火曜、月末の月曜　🅿 あり

お香　エリア 郡家周辺　MAP P.80C3

株式会社梅薫堂
かぶしきがいしゃばいくんどう

江戸時代から受け継ぐ香りの伝統

　創業嘉永3年。淡路島の伝統産業である線香作りを受け継ぐ老舗メーカー。最新技術を用いた「備長炭麗」シリーズは消臭・清浄に効果のある香として人気を博している。

🚗 津名一宮ICから車で約15分、または北淡ICから車で約20分
🏠 淡路市江井2853-1　☎ (0799)86-1005　🕐 8:00 〜 12:00、13:00 〜 16:45　🏖 日曜、祝日、第2・3土曜
🅿 あり　URL www.baikundo.co.jp

あなご専門店　エリア 北淡　MAP 折り込みMap①

炭焼きあなご あさじ
すみやきあなご あさじ

ふっくら香ばしい絶品焼きあなご

　鮮度のよい活あなごのみを厳選。昔ながらの製法で、炭火でじっくりと焼き上げたあなごは、外はサクッと香ばしく中はふっくら軟らか。あなご丼やしぐれ煮などもぜひ。

上／特大あなご2370円　左下／店前にはきれいに手入れされた庭園がある　右下／イートインスペースも

🚗 北淡ICから車で約6分　🏠 淡路市浅野南101-6
☎ (0799)82-0757　🕐 9:00 〜 17:00（売り切れ次第閉店）
🏖 火曜（祝日の場合は営業）、第3水曜　カード 可
🅿 あり　URL asaji1287.com

養鶏場　エリア 北淡　MAP P.80A2

北坂養鶏場 直売所
きたさかようけいじょう ちょくばいしょ

大自然の恵みを受けた絶品卵

　自然豊かな養鶏場で餌と水にこだわった飼育をしており、直売所では「淡路島もみじ」「淡路島さくら」の卵をはじめ、養鶏場の生産物を購入することができる。

右上／田畑や木々に囲まれ、鶏たちがのびのびと暮らす直売所　左／直売所の一番人気「たまごまるごとプリン」4個入1000円　右下／直売所は赤いコンテナを改装した建物が目印

🚗 北淡ICから車で約5分　🏠 淡路市育波1115-1
☎ (0799)70-7267　🕐 10:00 〜 16:00　🏖 1月1日
🅿 あり　URL kitasakatamago.co.jp

Voice　明治初期に網元から始まり、ここだけの焼きあなごを作りたいと5代目の当主が開業した「炭焼きあなご あさじ」。その日調理するぶんだけ朝開きし、ひとつずつ手作業でていねいに焼き上げる。数に限りがあるので、事前に確認してから訪れよう。

83

🏕 グランピング ［エリア］五色周辺 ［MAP］P.80B2

FBI AWAJI-First Class Backpackers Inn
えふびーあい あわじ ふぁーすと くらす ばっくぱっかーず いん

絶好のロケーションと個性豊かな宿泊施設が魅力！

　海水浴場の船瀬ビーチを目の前にグランピングが楽しめるスポット。趣向を凝らしたインテリアや設備が人気で、人数や立地、内装など好みに合わせてセレクトできる。

上／欧州から輸入したテント　左下／キャビンからは海を望める　右下／レストラン&バーも

🚗 西淡三原ICより車で約20分　🏠 洲本市五色町鳥飼浦2359　☎ (0799)34-0900　🕐 in15:00/out11:00　休 11〜3月末　💴 キャビン2万3100円〜　カード 可　駐車場 あり　URL fbi-camping.com/awaji

🏨 ホテル ［エリア］慶野松原 ［MAP］P.80A3

あわじ浜離宮
あわじはまりきゅう

和洋の魅力を併せもつ優雅な空間

　名勝慶野松原にたたずむクラシックホテル。明治・大正期の洋館のような意匠が美しく、機能美と優雅さを兼ね備えた客室では瀬戸内の絶景とともに極上のステイが楽しめる。

上／瀬戸内の夕日を望む西側の客室　左下／潮崎温泉　右下／食事は旬房「新淡」でどうぞ

🚗 西淡三原ICから車で約5分、または陸の港西淡から送迎バスで7分　🏠 南あわじ市松帆古津路970-81　☎ (0570)079922　💴 朝夕2万900円〜　客室数 29室　カード 可　駐車場 あり　URL www.awajihamarikyu.com

🏨 ホテル ［エリア］慶野松原 ［MAP］P.80A3

サンセットビューホテル けひの海
さんせっとびゅーほてる けひのうみ

観光地へのアクセスも絶好

　夕陽百選の浜辺を目の前に、淡路島の素材を生かした料理、美人の湯として名高い温泉など、高級感あふれるもてなしが満載。客室も和洋、露天風呂付きなど豊富に揃う。

上／地元食材にこだわった料理　左下／ツインルーム　右下／夏季限定でプールも楽しめる

🚗 西淡三原ICから車で約8分、または高速バス陸の港西淡バス停下車、車で8分　🏠 南あわじ市松帆古津路970-76　☎ (0799)37-3000　💴 朝夕2万7100円〜（税・入湯税込）　客室数 15室　カード 可　URL keinoumi.jp

🏨 ホテル ［エリア］五色周辺 ［MAP］P.80C1

スプリングゴルフ & アートリゾート淡路
すぷりんぐごるふあんどあーとりぞーとあわじ

淡路の大自然にナイスショット

　高台から瀬戸内海を望むゴルフコースは開放感抜群。高級感あふれる客室や大浴場はプレイの疲れを芯からほぐしてくれる。プロショップも完備。

🚗 淡路中央スマートICから車で約13分　🏠 洲本市五色町都志1151　☎ (0799)30-3555　💴 朝夕平日1万3900円〜、ゴルフ1プレイ付き朝夕平日1万9900円〜　客室数 142室　カード 可　駐車場 あり　URL www.springresort.co.jp

🏨 旅館 ［エリア］野島 ［MAP］P.80A1

海若の宿
わたつみのやど

コンセプトは「海の神様の別荘」

　夕陽百選のひとつに選ばれている野島の夕日を望むことができる旅館。地元食材の料理や自家源泉の大浴場で贅沢なひとときを。

🚗 淡路ICから車で約20分、またはあわ神あわ姫バス梨本バス停下車、徒歩3分　🏠 淡路市野島蟇浦150　☎ (0799)82-1616　💴 朝夕2万5000円〜（税・サ込）　客室数 20室　カード 可　駐車場 あり　URL www.watatsuminoyado.jp

VOICE 「FBI AWAJI-First Class Backpackers Inn」にお風呂はないが、近くに「ウェルネスパーク五色」、「うずしお温泉ゆーとりっく」とふたつの温浴施設があるので、それらを利用するのもおすすめ。いずれも車で約15分ほど。

岩屋・東浦周辺
いわや・ひがしうら

神戸方面から淡路島に入る際の玄関口となる岩屋、美術館や植物館などの施設が豊富な東浦。淡路島ビギナーは、ここからの観光スタートがおすすめ。

📷 観る・遊ぶ
マストで訪れたいメジャースポット

新感覚テーマパーク「ニジゲンノモリ」や複合型リゾート施設「淡路夢舞台」など、ぜひおさえたい淡路島を代表するメジャースポット。

🍴 食べる・飲む
岩屋漁港に揚がる上質な地魚を堪能

水揚げされる魚の質が高いことで知られる岩屋漁港があり、寿司店をはじめ魚料理をウリにする飲食店が多い。魚好きにはたまらないエリア。

🏪 買う
ロードサイドの買い物天国へ

「道の駅あわじ」や「淡路ハイウェイオアシス」には、ご当地テイクアウトグルメや特産品が豊富に揃う。ぜひ立ち寄りたい、買い物天国だ。

🏨 泊まる
数は少ないながら高クオリティ

宿泊施設の数は決して多くないが、各施設ともクオリティは高い。高台に建つグランピングを利用して、優雅な島ステイを楽しむのもいい。

岩屋

凡例
- ● 観る・遊ぶ
- 🍴 食事処
- 🛍 みやげ物店
- 🏨 宿泊施設
- Ⓐ アクティビティ会社
- ♨ 温泉
- ❶ 観光案内所

松帆恵比寿神社

明石海峡大橋 P.78

鮓 希凜 淡路店 P.87

③ 道の駅あわじ P.72

Ⓗ 淡路島岩屋温泉 淡海荘 P.88

美湯松帆の郷 P.53

お食事処 浜ちどり P.69
岩屋観光案内所 P.126 ❶

トモチャリ淡路島北店 P.45 Ⓐ
寿司割烹 源平 P.87

漁師めし 友明丸 P.86
岩屋郵便局

あわじ石の寝屋緑地
明石海峡大橋クルーズ P.46

鳥の山 展望台
絵島 P.59

岩屋珈琲 P.87
石屋小学校

橋のみえる丘
Glamping Resort Awaji P.43

淡路SA観光案内所 P.126 ❶

淡路IC・淡路北スマートIC

松林牧場

ニジゲンノモリ P.86

淡路島公園
昭和池

淡路ハイウェイオアシス P.88
岩屋中学校

淡路警察署

聖隷淡路病院

Ⓐ GRAND CHARIOT 北斗七星135° P.88

八畳岩
アクアイグニス淡路島 P.53

東浦

Ⓗ Olive GLAMP淡路島 Virgin Valley P.42

八畳岩
淡路島国営明石海峡公園 P.52

兵庫県立淡路夢舞台公苑温室「あわじグリーン館」P.86

淡路夢舞台 P.50

グランドニッコー淡路 P.88

アート山大石可久也美術館 P.86

翼港

マリンプラザ淡路

癒やしの花園

本福寺水御堂 P.41

Ⓡ ゑびす亭 P.87

AIE国際高等学校

浦交番

東浦IC

③ 道の駅東浦ターミナルパーク P.72

浦港

Ⓐ 淡路市立陶芸館 P.86

浦小学校

浦県民サンビーチ

グリナリウムグレイナリー P.87

Ⓡ 淡路市立中浜稔猫美術館 P.86

潮浜公園

西念寺

③ フローラルアイランド P.88

N

0　500m

小田

東浦中学校

仮屋郵便局

法輪寺

学習小学校

③ 千年一酒造 P.88

小田の滝

Ⓡ 淡路翁 P.87

仮屋漁港

0　200m

植物園　エリア 東浦　MAP P.85D1

兵庫県立淡路夢舞台公苑温室「あわじグリーン館」
ひょうごけんりつあわじゆめぶたいこうえんおんしつ あわじぐりーんかん

スタイリッシュな空間で植物の魅力を体感

植物の生きる姿を生かした立体的な展示が魅力の日本最大級の温室。高さ8mのガーデンキャッスルなど家族で楽しめる展示が満載。

🚃 淡路ICから車で約20分　🏠 淡路市夢舞台4　☎ (0799)74-1200
🕐 10:00～18:00(最終入館17:30)※8・12月に開館時間延長あり　🈺 2024年4月～2025年3月中旬は大規模修繕のため閉館予定　🈺 入館料750円(特別展は別途料金要)　🅿 あり　URL awaji-botanicalgarden.com

---

美術館　エリア 東浦　MAP P.85D1

アート山大石可久也美術館
あーとやまおおいしかくやびじゅつかん

自然と調和した癒やしの空間

淡路島出身の洋画家、大石可久也と鉦子がボランティアとともに手作りで完成。海を一望できる絶景の中でお茶も楽しめる。

🚃 淡路ICまたは東浦ICから車で約5分、または高速バス淡路夢舞台バス停下車、徒歩約8分　🏠 淡路市楠本2159　☎ (0799)74-5565
🕐 10:00～17:00　🈺 月・火曜　🈺 入場料800円　🅿 あり
URL www.eonet.ne.jp/~artyama

美術館　エリア 東浦　MAP P.85C2

淡路市立中浜稔猫美術館
あわじしりつなかはまみのるねこびじゅつかん

猫の墨絵を楽しむ美術館

淡路島出身で猫の墨絵の第一人者である中浜稔の作品を一堂に展示。猫グッズ満載のおみやげコーナーもあり、中浜氏による墨絵教室も開催している。

🚃 東浦ICから車で約5分
🏠 淡路市浦668-2　☎ (0799)75-2011　🕐 10:00～18:00
🈺 月曜(祝日の場合は翌日)　🈺 入館料620円　🅿 あり
URL www.nekobijyutsukan.com

陶芸体験　エリア 東浦　MAP P.85C2

淡路市立陶芸館
あわじしりつとうげいかん

淡路島の土を使って陶芸体験

粘土細工や電動ロクロなど陶芸体験を楽しめる。2階には淡路東浦焼や淡路島ゆかりの作家の作品を展示するギャラリーも。見学のみも可能。

🚃 東浦ICから車で約5分　🏠 淡路市浦668-1　☎ (0799)75-2585
🕐 10:00～18:00(体験開始時間は10:00、13:00、14:30、16:00)
🈺 月曜(祝日の場合は翌日)、12/28～1/4　🈺 粘土細工1250円～
カード 可　🅿 あり　URL awajishitougeikan.com

テーマパーク　エリア 岩屋　MAP P.85A3

ニジゲンノモリ
にじげんのもり

二次元と現実が交差するテーマパーク

淡路島の自然、漫画・アニメ・ゲームなどの二次元コンテンツ、テクノロジーを融合したアニメパーク。アニメをモチーフにしたグルメを楽しめる飲食店も併設されている。

上／「ゴジラ迎撃作戦～国立ゴジラ淡路研究センター～」左下／NARUTO&BORUTO忍里　右下／クレヨンしんちゃんがいたるところに!

🚃 淡路ICから車で約3分、または淡路ICからシャトルバスで約3分
🏠 淡路市楠本2425-2　☎ (0799)64-7061　🕐 10:00～22:00
🈺 無休(冬季休業あり)　🈺 入園料無料(各アトラクションは有料)
カード 可　🅿 あり　URL nijigennomori.com

吹き戻し作り　エリア 東浦　MAP 折り込みMap①

吹き戻しの里
ふきもどしのさと

吹き戻しを作ってお祭り気分に!

お祭りなどでよく目にする「吹き戻し」国内製造のトップシェアを誇る吹き戻しの里で製作体験! 好みの素材を選んで6本の吹き戻し作りを楽しもう。

🚃 東浦ICから車で約9分　🏠 淡路市河内333-1　☎ (0799)74-3560(平日9:00～17:00)　🕐 製作体験受付10:00～11:30、13:00～15:30　🈺 無休　🈺 入場料大人800円、子供400円(製作体験料込み)　カード 可　🅿 あり　URL fukimodosi.org

---

海鮮食堂　エリア 岩屋　MAP P.85B2

漁師めし 友明丸
りょうしめし ともあきまる

瀬戸内の旬魚を使った鮮度抜群漁師めし

岩屋をはじめ、淡路島近郊の魚を使っており、素材の鮮度は折り紙付き。魚介はもちろん、野菜も地場産を使用。鯛の天ぷらやお造り8種が付く友明丸活魚定食3498円がいち押し。

🚃 淡路ICから車で約5分　🏠 淡路市岩屋1414-49　☎ (0799)72-0055　🕐 11:00～20:00(19:30L.O.)、土日祝10:30～　🈺 無休
カード 可　🅿 あり　URL tomoakimaru.com

カフェ
エリア 東浦　**MAP** P.85C2

グリナリウム グレイナリー
ぐりなりうむ ぐれいなりー

取れたてイチゴが多彩なスイーツに！

イチゴ＆トマト農園が営むカフェ。自社農園で育てたイチゴを贅沢に使用した、パフェやソフトクリーム、エクレアなどの特製スイーツを提供している。白雪パフェ 2280 円。

🚃 東浦ICから車ですぐ　🏠 淡路市浦545　☎ (0799)70-1320　🕐 11:00 ～ 17:00(16:30L.O.)、テイクアウト10:00 ～（祝日の場合は翌日）　🅿 あり　URL greenarium.jp

寿司
エリア 岩屋　**MAP** P.85A1

鮓 希凛 淡路店
すし きりん あわじてん

明石海峡を望みながら極上の握りを

毎朝、大将自ら明石港と岩屋港で目利きした地魚で握る寿司は、味はもちろん見た目の鮮やかさにも職人技が光る。

🚃 淡路ICから車で約5分　🏠 淡路市岩屋1871　☎ (0799)72-3811　🕐 ランチ11:30 ～、13:15 ～(2部制)、ディナー 18:00 ～、土日祝は17:30 ～、19:30 ～の2部制　🕐 不定休　URL moonjelly-resort.com/sushi/

ざるそば専門店
エリア 東浦　**MAP** P.85D3

淡路翁
あわじおきな

のどかな農村で手作りそばを

全国各地から取り寄せたそばの実を自家製粉し、手打ちのそばを提供。農村風景の向こうに海が見える抜群のロケーションで味わうざるそばは格別の味わい。ざるそば 900 円ほか。

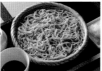

🚃 東浦ICまたは北淡ICから車で約15分　🏠 淡路市小田1157　☎ (0799)70-4201　🕐 11:00 ～ 14:00　🕐 月曜　**カード** 可　URL awajiokina.com

海鮮料理
エリア 東浦　**MAP** P.85C2

ゑびす亭
えびすてい

淡路名物の海鮮料理をリーズナブルに

仮屋港、岩屋港で水揚げされる魚介類をコース、一品料理などでいただける。淡路 3 年とらふぐやハモ料理などがお手頃価格なのも魅力。

🚃 淡路ICから車で10分、または三宮バスターミナルからバスで約50分　🏠 淡路市浜1-7　☎ (0799)74-5511　🕐 昼11:00 ～ 14:00(L.O.)、夜17:00 ～ 20:00(L.O.)　🕐 火曜　URL www.awaji-ebisutei.jp

カフェ
エリア 岩屋　**MAP** P.85B2

岩屋珈琲
いわやこーひー

インパクト大！の旬のフルーツサンド

鮮やかな見た目のフルーツサンドが名物。注文後に豆をひき、ハンドドリップでていねいに淹れるコーヒーと一緒に。北坂たまごの卵サンドやスムージーなどドリンクもラインアップ。

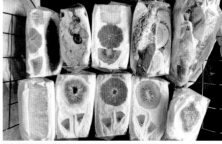

上／季節のフルーツサンド 500 ～ 650 円 左下／岩屋珈琲ブレンド450 円 右下／雑貨コーナーも

🚃 淡路ICから車で約2分　🏠 淡路市岩屋1007–1　☎ 080-4492-2130　🕐 10:00 ～ 16:00　🕐 月・木曜(季節により木曜のみ定休)　**カード** 不可(PayPayは可)　🅿 近隣にあり(1時間無料)　URL nplus-resort.com/shop/iwayacoffee

寿司
エリア 岩屋　**MAP** P.85B2

寿司割烹 源平
すしかっぽう げんぺい

明石の魚介を最高の技で

岩屋鯛や黄金ハモなど厳選された淡路島の海の幸を寿司のほか、しゃぶしゃぶやバリエーション豊かな単品料理で味わうことができる。やわらかな食感の伝助穴子は必食。

上／大将おまかせにぎり8貫 5500 円 左下／窓の外には海が広がる 右下／趣ある玄関

🚃 淡路ICから車で5分、ジェノバライン岩屋港からすぐ　🏠 淡路市岩屋925-22　☎ (0799)72-2302　🕐 ランチ11:00 ～ 15:00、ディナー 17:00 ～ 21:00　🕐 火・水曜　**カード** 可　URL genpei.jp

 「淡路翁」の店主は広島、長野の名店で修業を積んだあと、4 年の歳月を経て淡路島の山中に自らの店を開業。和モダンのおしゃれな内観は居心地がよく、絶品のそばを求める客が島外からも頻繁に訪れる。

農産直売所 エリア 東浦 MAP P.85C2

フローラルアイランド
ふろーらるあいらんど

契約農家から毎朝届く野菜がずらり

約250名の農家と契約し、毎朝新鮮な野菜が並ぶ農産物直売所。京阪神の飲食店も仕入れに訪れるほど商品は充実しており、開店とともに多くの人でにぎわう。

🚗 東浦ICから車で約1分　🏠 淡路市浦642-1
☎ (0799)75-2387　🕐 9:00〜18:00　休 年末年始　駐車場 あり
URL www.eonet.ne.jp/~froral-iland

酒蔵 エリア 東浦 MAP P.85C3

千年一酒造
せんねんいちしゅぞう

明治から受け継ぐ酒造り

145年以上も前から地酒「千年一」や「千代の縁」などを造り続ける老舗酒蔵。ミニギャラリーを併設し、利き酒体験や酒蔵見学なども行っている。

🚗 東浦ICから車で約7分　🏠 淡路市久留麻2485-1　☎ (0799)74-2005　🕐 10:00〜16:00　無休　カード 可　駐車場 あり
URL www.sennenichi.co.jp

SA エリア 岩屋 MAP P.85B3

淡路ハイウェイオアシス
あわじはいうぇいおあしす

グルメ・ショッピングが充実

淡路北スマートインター直結、旬の食材を味わえる6つの島レストラン・カフェや、地元特産品のショッピングが楽しめる淡路物産館を併設する施設。

🚗 高速バス淡路インター下車徒歩8分、または淡路SA駐車場から連絡道路で直結　🏠 淡路市岩屋2674-3　☎ (0799)72-0220
🕐 9:00〜20:00(季節等により変更あり)　※店舗により異なる
カード 可　駐車場 あり　URL www.awajishimahighwayoasis.com

温泉宿 エリア 岩屋 MAP P.85A1

淡路島岩屋温泉 淡海荘
あわじしまいわやおんせん たんかいそう

雄大な海峡に癒やされる宿

客室や大浴場から明石海峡大橋を望み、美しく雄大な景色が楽しめ、明石海峡公園など観光地へのアクセスも便利。食事では会席や鍋で芳醇な淡路の食を堪能できる。

🚗 淡路ICから車で5分　🏠 淡路市岩屋3559-4　☎ (0799)72-4111　🛏 朝夕1万7600円〜　客室数 16室　駐車場 あり
URL www.tankaiso.co.jp

ホテル エリア 東浦 MAP P.85D1

グランドニッコー淡路
ぐらんどにっこーあわじ

非日常空間で上質なリゾートステイを

淡路夢舞台のランドマークとなるホテルで、全洋室にバルコニーを完備。隣接する「淡路島国営明石海峡公園」では季節の草花を楽しめる。島の食材を生かしたレストランも充実。

上／神戸市内から約30分　左下／海や緑を望む開放的な客室　右下／島の食材が楽しめる朝食

🚗 淡路ICから車で5分、または高速バス淡路夢舞台前バス停下車すぐ　🏠 淡路市夢舞台2　☎ (0799)74-1111(代表)　🛏 朝夕1万7100円〜（税・サ込)　客室数 201室　カード 可　駐車場 あり
URL awaji.grandnikko.com

グランピング エリア 東浦 MAP P.85A3

GRAND CHARIOT 北斗七星 135°
ぐらん しゃりお ほくとしちせい 135 ど

自然風景に包まれて特別なステイを

眼下に広がる海や上空の星など淡路島の自然風景を楽しめるグランピング。繭を連想させるコクーン（客室）は全室檜風呂も完備され、ゆったりと過ごすことができる。

上／東経135°の線上の丘に位置　左下／夜は星空もきれい　右下／山下春幸シェフ監修の料理は絶品

🚗 淡路ICから車で8分　🏠 淡路市楠本2425-2　☎ (0799)64-7090(10:00〜18:30)　🕐 24時間　無休　🛏 1室2名利用時1名当たり4万5980円〜　客室数 全23棟　カード 可　駐車場 あり
URL awaji-grandchariot.com

VOICE「淡路ハイウェイオアシス」ではグルメやおみやげのほか、レジャーにも要注目。約5万㎡の広さを誇る芝生広場、夏場に大人気の水の遊び場、迫力満点の大型スライダーなど1日中遊んでも回りきれないほどのスポットを備えている。

津名周辺
つな

市役所や商業施設などが集中しており居住者の多い津名。地元民の暮らしに密着した店が多く、穴場を探すなら、ぜひチェックしておきたいエリアだ。

📷 観る・遊ぶ
**体験型の施設で
アクティブに遊ぶ**

アトラクション充実の「淡路ワールドパークONOKORO」や、季節の体験を楽しめる「あわじ花の歳時記園」など、体験型施設に要注目。

🍴 食べる・飲む
**特産の淡路ビーフを
地元で食す贅沢**

淡路市の特産品でふるさと納税返礼品にもなっている、淡路ビーフが食べられる店が充実。老舗麺メーカー直営の生パスタ専門店も。

🎁 買う
**地元のお店を訪ね
島の恵みをゲット**

おみやげスポットとして人気の「たこせんべいの里」をはじめ、イチゴや淡路ビーフなど地元特産品を生かしたテイクアウトグルメのお店もある。

🏠 泊まる
**小さな宿で感じる
島暮らしの魅力**

ペンションや民宿など、小規模でアットホームな宿泊施設が多いエリア。近年では、貸し別荘やリゾートホテルなども増えている。

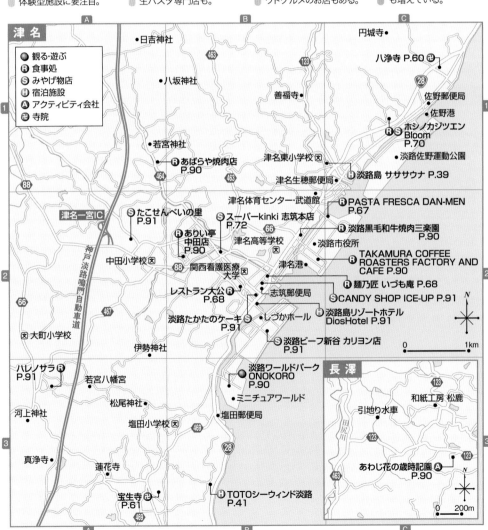

津名

- 🔵 観る・遊ぶ
- 🅡 食事処
- 🆂 みやげ物店
- 🅗 宿泊施設
- 🅐 アクティビティ会社
- 卍 寺院

円城寺

日吉神社

八浄寺 P.60 卍

八坂神社

善福寺

佐野郵便局

佐野港

若宮神社

ホシノカジツエン Bloom P.70

あばらや焼肉店 P.90

津名東小学校

淡路佐野運動公園

津名生穂郵便局

🅗 淡路島 サササウナ P.39

津名体育センター・武道館

🅡 PASTA FRESCA DAN-MEN P.67

津名一宮IC

たこせんべいの里 P.91

スーパーkinki 志筑本店

津名高等学校

🅡 淡路黒毛和牛焼肉三楽園 P.90

淡路市役所

神戸淡路鳴門自動車道

ありい亭 中田店 P.90

関西看護医療大学

津名港

🅡 TAKAMURA COFFEE ROASTERS FACTORY AND CAFE P.90

中田小学校

🅡 麺乃匠 いづも庵 P.68

レストラン大公 P.68

志筑郵便局

🆂 CANDY SHOP ICE-UP P.91

淡路島リゾートホテル DiosHotel P.91

淡路たかたのケーキ P.91

しづかホール

大町小学校

🆂 淡路ビーフ新谷 カリヨン店 P.91

長澤

ハレノサラ 🅡 P.91

若宮八幡宮

淡路ワールドパーク ONOKORO P.90

和紙工房 松鹿

引地り水車

松尾神社

ミニチュアワールド

河上神社

塩田郵便局

塩田小学校

真浄寺

あわじ花の歳時記園 🅐 P.90

蓮花寺

宝生寺 卍 P.61

🔵 TOTOシーウィンド淡路 P.41

N

0 ─── 1km

N

0 ─── 200m

淡路ワールドパークONOKORO
あわじわーるどぱーくおのころ

世界の名所巡りを楽しんで

　ピサの斜塔や万里の長城など世界の有名建築物を25分の1に縮小再現した「ミニチュアワールド」が人気。ゴーカートや立体迷路などのアトラクションも充実している。

上／大阪湾を一望する大観覧車　左下／空中散歩を楽しんで　右下／プロムナードで絶景観賞

🚗 津名一宮ICから車で約15分、高速バスワールドパークおのころバス停下車すぐ　🏠 淡路市塩田新島8-5　☎ (0799)62-1192　🕐 9:30～17:00、平日は10:00～　🈺 不定休(詳細はHP参照)　🈶 入園料一般大人1400円　🅿 あり　**URL** www.onokoro.jp

---

あわじ花の歳時記園
あわじはなのさいじきえん

季節の花と触れ合う自然のテーマパーク

　6、7月には約3000坪の広大な敷地に、4000株80種のアジサイが咲き誇る。たけのこ掘り、栗拾いなど季節毎の体験や草木染めなどのワークショップも。

🚗 北淡ICから車で13分　🏠 淡路市長澤247-1　☎ (0799)64-0847　🕐 10:00～17:00(体験はHPを要確認)　🈺 無料(あじさい開花期500円、小・中学生400円)　🈺 火～木曜(あじさい開花期は無休)　🅿 あり　**URL** ajisaien.net

---

淡路黒毛和牛焼肉三楽園
あわじくろげわぎゅうやきにくさんらくえん

自家製のもみだれ＆つけだれが絶品

　仕入れにこだわり、淡路ビーフをはじめ最高級の国産黒毛和牛を使用した牛肉料理を提供。コースディナーでは焼き方を鉄板焼き、炭火焼きのいずれかを選ぶことができる。

🚗 津名一宮ICから車で約5分、津名港から徒歩約5分　🏠 淡路市大谷908-3　☎ (0799)64-1729　🕐 11:30～14:00、17:00～21:30、土日祝11:30～21:30　🈺 木曜　**カード** 可　🅿 あり　**URL** awaji-sanrakuen.jp

---

ありい亭 中田店
ありいてい なかたてん

自家牧場で育てた黒毛和牛が自慢

　あっさりとした肉の脂身を味わってほしいと、できるだけ切り置きせず新鮮な状態で提供するため、前日までの完全予約制。土日祝・GW・お盆は1～2週間前の予約がベター。

上／上ロース一人前1350円など　左下／重厚感ある木造り　右下／座敷でゆったり過ごせる

🚗 津名一宮ICから車で約3分　🏠 淡路市中田72　☎ (0799)62-6260(完全予約制)　🕐 11:30～14:00(L.O.13:30)、17:00～21:00(L.O.20:30)　🈺 火曜(祝日の場合は翌日)　🅿 あり

あばらや焼肉店
あばらややきにくてん

幻の淡路ビーフをリーズナブルに

　家族で営む焼肉店。新谷ビーフから仕入れた淡路ビーフなどをリーズナブルな価格で楽しめる。調味料や香辛料、果物など20種類をブレンドした秘伝のたれが味の決め手に。

上／人気の塩タン一人前650円など　左下／昔懐かしい雰囲気　右下／アットホームな店内

🚗 津名一宮ICから車で約3分　🏠 淡路市池ノ内9-1　☎ (0799)62-5129　🕐 16:00～21:00(L.O.20:30)、土日祝は12:00～14:00、16:00～21:00(L.O.20:30)　🈺 月曜(祝日の場合は営業)、12/31～1/1　🅿 あり

---

voice〈「あわじ花の歳時記園」からは、長澤地区の棚田や播磨灘が見渡せる。緑や季節の花々に囲まれた喫茶スペースに立ち寄って、園内のハーブを使ったフレッシュハーブティーや自家製酵素ジュースなどでひと息つきたい。テラス席からの眺望も抜群！

フレンチ 　エリア 津名　MAP P.89A3

ハレノサラ
はれのさら

飾らないアットホームなフレンチを

　築120年の古民家の一軒家で味わうフレンチは、日替わりランチ（デザートセット付き）3300円をはじめ、肩肘張らないカジュアルなスタイルが魅力。

🚗 津名一宮ICから車で15分　🏠 淡路市木曽上324　📞 (0799)64-7433　🕐 11:30 〜 14:00 (L.O.)、木〜土曜のディナーは18:00 〜（前日までに要予約）　🈺 月曜、日曜不定休　🅿 あり

アイスキャンディー 　エリア 津名　MAP P.89B2

CANDY SHOP ICE-UP
ぎゃんでぃ しょっぷ あいすあっぷ

島の恵みが詰まったアイスキャンディ

　牛乳やヨーグルトをはじめ、ミカン、イチジクなど季節の島素材を贅沢に使用。添加物は使わず、きび砂糖を使用することで優しくスッキリとした甘さに。淡路島不知火 430円など。

🚗 津名一宮ICから車で約8分　🏠 淡路市志筑3423　📞 非公開　🕐 10:00 〜 17:00(金曜13:00 〜)　🈺 火〜木曜(不定休あり)　💳 あり　URL ice-up.stores.jp

コーヒーショップ 　エリア 津名　MAP P.89B2

TAKAMURA COFFEE ROASTERS FACTORY AND CAFE
たかむら こーひー ろーすたーず ふぁくとりー あんど かふぇ

自慢のドーナツと世界のコーヒーを堪能

　大阪発のスペシャルティコーヒー&ワイン専門店の2号店。常時約20種のコーヒーと120種類以上のワインが揃う。淡路島牛乳と北坂養鶏所の卵で作るドーナツも必食。

上／焙煎風景も　左下／ドリップコーヒーショートサイズ600円、レモンドーナツ250円　右下／約1万坪の敷地

🚗 津名一宮ICから車で約5分　🏠 淡路市生穂新島5-8　📞 (0799)64-0281　🕐 10:00 〜 18:00(冬季平日は11:00 〜)　🈺 水曜(祝日の場合は営業)　💳 可　🅿 あり　URL takamuranet.com

たこせんべい 　エリア 津名　MAP P.89A2

たこせんべいの里
たこせんべいのさと

海の幸を閉じ込めたせんべい

　他店では買えない、タコ、エビ、イカのオリジナルせんべい約40種類を販売。観葉植物に彩られた休憩コーナーを設け、コーヒー・お茶の無料サービスも実施している。

🚗 津名一宮ICから車で約1分　🏠 淡路市中田4155-1　📞 (0799)60-2248　🕐 9:00 〜 17:00(年末年始は変動あり)　🈺 無休　💳 可　🅿 あり　URL www.takosato.co.jp

ケーキ 　エリア 津名　MAP P.89B2

淡路たかたのケーキ
あわじたかたのけーき

淡路島食材たっぷりのスイーツを

　創業36年、スポンジ中心のケーキ作りを続ける老舗。自社農園で栽培した小麦とサツマイモを使用したクッキー、スイートポテトなども販売。

🚗 津名一宮ICから車で約5分、神姫バス志筑バス停下車徒歩2分　🏠 淡路市志筑3266-1　📞 (0799)62-4144　🕐 9:00 〜 19:30、カフェは〜 17:30　🈺 火・水曜(祝日の場合は営業)　💳 可　🅿 あり　URL www.takatanocake.com

食品 　エリア 津名　MAP P.89B2

淡路ビーフ新谷 カリヨン店
あわじびーふしんたに かりよんてん

有名ブランド牛のルーツ

　イオン淡路店近くのカリヨン広場の一角で営業。淡路ビーフを取り扱っており、お手頃価格の総菜も販売。淡路牛の切りおとしとタマネギをふんだんに使用した島コロッケ150円が人気。

🚗 津名一宮ICから車で約10分　🏠 淡路市志筑新島10-15　📞 (0799)62-6263　🕐 9:00 〜 19:00　🈺 火曜　💳 可　🅿 あり　URL awaji-beef-shintani.com

ホテル 　エリア 津名　MAP P.89B2

淡路島リゾートホテル DiosHotel
あわじしまりぞーとほてる でぃおすほてる

ラグジュアリー空間で海を眺めて過ごす

　洗練された外観が目を引くホテルは、4室すべてがスイートルーム。寛ぎを重視した空間には、厳選された高級家具を設置。専用複合施設もオープン予定。

🚗 津名一宮ICから車で約6分　🏠 淡路市志筑3111-93　📞 090-2386-2147　🕐 in15:00 ／ out12:00　💰 素2万2800円〜　🛏 4室　💳 可　🅿 あり　URL dios.design

〈「たこせんべいの里」では販売コーナーのほか、窓越しに製造工程を見ることができる見学コーナーも設けられている（予約不要、製造ラインが停止している場合もあり）。製造工程は見ているだけでおなかがすきそう。

雄大な紀淡海峡と洲本温泉がお出迎え

洲本（すもと）・由良（ゆら）

淡路島南東部の中心街である洲本エリア。海沿いには紀淡海峡を望む豪華な宿泊施設が揃い、さらに南下した由良エリアでは素朴な町並みに癒やされる。

観る・遊ぶ
歴史ファン必見の見どころが満載

　国生みで最初にできた山の頂にある島内随一の霊場「先山千光寺」、戦国時代の曲輪をよく残す「洲本城跡」など、歴史スポットが点在。

食べる・飲む
島内で最もにぎわうグルメ激戦区

　淡路島の中核都市・洲本市の市街地は、飲食店が多いグルメ激戦区。島内屈指の良港といわれる由良漁港で水揚げされる鮮魚が味わえる。

買う
パンや和洋菓子の新旧名店が充実

　水産物や農産物はもちろん、ケーキや和菓子といった和洋スイーツ、パンの名店が多いのもこのエリアの特徴。老舗から気鋭の新店まで多彩。

泊まる
島随一の温泉街で贅沢湯浴みステイ

　洲本市内にある洲本温泉は、島随一の温泉地。東海岸沿いの温泉街には約10軒の温泉宿が立ち並び、異なる趣で旅人を魅了する。

VOICE　淡路島の歴史や文化を紹介する「洲本市立淡路文化史料館」。続日本100名城に選ばれた洲本城の資料や、美しい色合いの珉平焼、アンモナイトなどの化石も展示。直原玉青記念美術館も併設。ミニ銅鐸銅鏡鋳造体験やアンモナイトのレプリカづくりも人気。

📷 史料館　エリア 洲本　MAP P.92C1

洲本市立淡路文化史料館
すもとしりつあわじぶんかしりょうかん

淡路島の歴史と文化が集結

淡路島で発見された恐竜「ヤマトサウルス・イザナギイ」の復元頭骨をはじめ、淡路島の貴重な歴史資料を展示。

🚗 洲本ICから車で約15分、洲本バスセンターから徒歩約10分
🏠 洲本市山手1-1-27　☎ (0799)24-3331　🕐 9:00 ～ 17:00（最終入館16:30）　休 月曜（祝日の場合は翌平日）　駐車場 あり
URL awajishimamuseum.com

📷 寺院　エリア 上内膳　MAP P.92A3

先山千光寺
せんざんせんこうじ

山奥にたたずむ国生みゆかりの寺

伊弉諾尊と伊弉冉尊が最初に作った山と伝わる先山山頂にたたずむ古刹で、境内からの眺めも美しい。国の重要文化財に指定される梵鐘がある。

🚗 淡路島中央スマートICから車で約15分　🏠 洲本市上内膳2132
☎ (0799)22-0281　🕐 8:00 ～ 17:00　休 無休
駐車場 あり(15台)

📷 神社　エリア 洲本　MAP P.92B2

巌島神社
いつくしまじんじゃ

地元に愛される「弁天さん」

生命の源である水・海を守護する市杵島姫命を御祭神とする神社。交通安全、商売繁盛、縁結びなどに御利益があり、幸福の神「弁天さん」として親しまれている。

🚗 洲本ICから車で約10分、洲本バスセンターから徒歩約10分
🏠 洲本市本町4-1-27　☎ (0799)22-0049　🕐 9:00 ～ 17:00
駐車場 あり

📷 動物園　エリア 畑田組　MAP P.92C3

淡路島モンキーセンター
あわじしまもんきーせんたー

ニホンザルの生態を間近で

300匹を超える野生のニホンザルを見学できる施設。朝から夕方まで餌場にいるサルたちのくつろぐ様子に心癒やされる。

🚗 洲本ICから車で約40分　🏠 洲本市畑田組289　☎ (0799)29-0112　🕐 9:30 ～ 17:00
休 木曜、9月中旬～11月中旬は休園　入園料 一般1000円
URL monkey-center.jp

📷 神社　エリア 洲本　MAP P.92C2

洲本八幡神社
すもとはちまんじんじゃ

淡路島の歴史が詰まった洲本城鎮守の社

1000年以上の歴史がある神社。境内には千歳の楠と呼ばれる健康長寿の信仰を受ける巨木や、芸事の神として知られる、日本三大狸のひとつ・芝右衛門狸が祀られている。

🚗 洲本ICから車で約10分、洲本バスセンターから徒歩約10分
🏠 洲本市山手2-1-10　☎ (0799)22-0549　駐車場 あり
URL sumotohachiman.org

📷 藍染め体験　エリア 洲本　MAP P.92C1

AiAii
あいあい

自分だけの藍染めアイテムを作ろう

ハンカチやストールなど好きな生地を選び、天然の材料だけで作った染料で藍染めを体験できる。絞りの技法をスタッフに教えてもらい、希望のデザインに仕上げよう。

🚗 淡路島中央ICから車で約14分　🏠 洲本市海岸通2-3-19
☎ (0799)20-5252　🕐 10:00 ～ 17:00　藍染め体験2000円　休 日曜　カード 可　駐車場 なし　URL aiaii.blue

📷 農園　エリア 洲本　MAP P.92B1

平岡農園
ひらおかのうえん

総面積1万5000坪。山上の巨大農園

創業65年を超える、ミカン、レモン、ライムの農園。園内はバリアフリーとなっており、車椅子やベビーカーでの来場にも対応。ミカン狩り、レモン狩りは1人1000円。

🚗 淡路島中央スマートICから車で約10分　🏠 洲本市宇山451
☎ (0799)22-2729　🕐 9:00 ～ 17:00　休 ミカン狩り期間中無休
駐車場 あり　URL www.hiraokanouen.com

🍵 カフェ　エリア 洲本　MAP P.92B1

PICCOLOTTO & GREEN HOUSE Café
ぴっころっと あんど ぐりーん はうす かふぇ

古きよきアメリカを感じるカフェ

築100年の古民家をアーリーアメリカ中西部の田舎の一軒家のイメージで改装。自家栽培食材などを生かしたメニューにこだわる。モンブラン&グラッセ670円。

🚗 洲本ICから車で約10分、洲本バスセンターから徒歩約5分　🏠 洲本市栄町2-1-16　☎ 080-8341-7274　🕐 11:00 ～ 17:00、木・金曜、祝日の火・水曜は13:00 ～
休 火・水曜　URL piccolotto.studio.site

voice✍ 「淡路島モンキーセンター」では施設内での猿たちの暮らしぶりをYouTubeでライブ配信。餌を食べたりおもちゃで遊んだりと、思いおもいに過ごす姿に心が癒やされる。公式サイトで群れの情報などもチェックできる。

イタリアン　エリア 洲本　MAP P.92B1

ETHICA
えちか

旬の素材をカジュアルなイタリアンで

　多彩なショップが集まる洲本レトロこみちに建つ。淡路島の旬食材で仕上げるイタリアンは、シンプルながら1度食べたら忘れられない味。店主セレクトのワインもぜひ。

上／サンマとイチジクのトマトソース1800円　左下／牡蠣とワカメのクリームリゾット1800円　右下／内装は店主のDIY

🚃 淡路島中央スマートICから車で約12分　🏠 洲本市本町5-4-15
☎ (050)6869-0664　🕐 11:45～15:00(14:00L.O.)、18:00～22:00(21:00L.O.)※ディナーは金土日祝のみ
🈲 火曜(不定休あり)　💳 不可(PayPayは可)　🅿 なし

自家焙煎コーヒー豆店　エリア 洲本　MAP P.92B1

タワーコーヒー
たわーこーひー

世界で5%しか流通していない高品質コーヒー

　風味豊かな最高級のスペシャルティコーヒーを求めて島の内外から多くの人が足を運ぶ。豆販売のほか、豆を使ったコーヒーアイスクリームやカフェラテ等のテイクアウトメニューもあり。

上／世界に流通しているコーヒーのなかでも5%しかない高品質な豆　左下／アットホームな雰囲気　右下／カフェオレベースやコーヒーバッグも販売

🚃 淡路島中央スマートICから車で約7分　🏠 洲本市下加茂1-2-21
☎ (0799)26-3715　🕐 10:00～19:00(17:00L.O.)　🈲 月・火曜
💳 可　🅿 あり　🔗 www.tower-coffee.com

カフェ　エリア 洲本　MAP P.92B1

珈楽粋
くらしっく

コーヒーにこだわる純喫茶

　地元の人々の憩いの場として愛されている喫茶店。コーヒーは産地の特徴を生かしつつ偏りがないように入れており、趣ある空間でのひとときを演出する。軽食メニューも豊富。

上／香り豊かな一杯を　左下／天気のよい日はテラスも◎　右下／心地よい店内

🚃 洲本ICから車で約8分　🏠 洲本市下加茂1-4-54　☎ (0799)26-1030　🕐 8:00～Close (日により変動あり)　🈲 無休
🅿 あり　🔗 awaji-classic.com

イタリアン　エリア 洲本　MAP P.92C1

L'ISOLETTA
りぞれった

地産地消がテーマのイタリアン

　「地産地消イタリアン」をテーマに掲げており、各皿には淡路ビーフほか淡路島の食材がふんだんに。全80席の空間では2名から利用可の個室（使用料1時間1000円～）も完備。

ディナーコース6600円～のメインの一例

上／淡路ビーフもも肉炭火焼　左下／大浜海水浴場のすぐそば　右下／2024年3月にワイナリー&カフェをオープン予定

🚃 洲本ICから車で約15分、洲本バスセンターから徒歩約10分
🏠 洲本市山手1-882-6　☎ (0799)25-5260
🕐 12:00～15:00(L.O.)、18:00～20:00(L.O.) ※ディナーは予約制　🈲 火・水曜　🅿 あり

voice〈　「PICCOLOTTO & GREEN HOUSE Café」でぜひいただきたいのが濃厚ミルクと自家製アップルパイジャムと濃厚ミルクジェラート500円。農家直送の青森産フジリンゴと濃厚ミルクとの競演は満足感たっぷり。

🍽 イタリアン　エリア 洲本　MAP P.92B1

いたりあ亭
いたりあてい

洲本屈指の老舗イタリアン

1979年創業、界隈屈指の老舗。淡路島の南端・由良港などで仕入れた鮮魚のメニューが評判だ。伝統を守りつつ、トレンドを織り交ぜた2代目シェフのセンスはピカイチ！

上／淡路島近海生うにのスパゲッティー6800円〜（黒雲丹）　左下／店内　右下／戸建ての店舗

🚗 洲本ICから車で約10分、洲本バスセンターから徒歩約9分
🏠 洲本市栄町3-1-43　📞 (0799)24-5399
🕐 11:30〜13:45(L.O.)、17:30〜19:50(L.O.)
休 月曜（祝日の場合は翌日）　🅿 あり

🎁 アイスクリーム　エリア 洲本　MAP P.92C1

あわじ島アイスクリーム
あわじしまあいすくりーむ

島素材にこだわるジェラート専門店

淡路島内で搾乳された生乳を使ったジェラートは、なめらかな舌触りが特徴。ミルクとマッチする素材を厳選し、グラシエがひとつずつ手作りしている。毎週新作が登場！

上／あわじ島ミルク390円　左下／ペンギン親子の暖簾がお出迎え　右下／常時10種ほどが並ぶ

🚗 淡路島中央ICから車で約15分　🏠 洲本市本町1-1-40　📞 080-2558-6299　🕐 10:00〜17:00　休 水曜　🅿 あり
URL awajishima-icecream.com

🍽 レストラン　エリア 洲本　MAP P.92B1

淡路ごちそう館 御食国
あわじごちそうかん みけつくに

おみやげ・テイクアウトも充実

大正時代の赤れんが倉庫をリノベートしたレストラン。海鮮丼1870円ほか、淡路牛のメニューなどを味わえる。オリジナル商品や淡路島の定番みやげも販売。

🚗 洲本ICから車で約10分、洲本バスセンターから徒歩約2分　🏠 洲本市塩屋1-1-8　📞 (0799)26-1133　🕐 11:30〜14:30(L.O.)、17:00〜21:00(20:00L.O.)、特産品店は10:00〜20:00　休 水曜（8月は無休、祝日の場合は営業）　カード 可　🅿 あり　URL miketsu.jp

🎁 たこ焼き　エリア 安乎町　MAP P.92A3

たまご屋さんちのたこ焼き
たまごやさんちのたこやき

たまご屋さんの卵たっぷりたこ焼き

卵の卸問屋直営のたこ焼き屋さん。タコは大粒、生地には卵がたっぷりで、風味豊かな味わいは何もつけずにそのままでもおいしい。玉たこ8個入り480円。

🚗 淡路島中央スマートICから車で約13分　🏠 洲本市中川原町厚浜725-1　📞 (0779)28-0850　🕐 9:00〜18:30（売り切れ次第閉店）　休 水曜　🅿 あり

🎁 パン　エリア 洲本　MAP P.92A1

平野パン
ひらのぱん

淡路産の食材を生かしたパン

タマネギなど野菜類や牛乳など、極力地元の食材を使用した焼きたてパンがずらり。3日間かけてじっくり発酵させた生地で作った発酵バターのクロワッサン216円は必食！

上／20〜30種のパンブッフェ付きランチも人気　左下／多彩なパンが並ぶ　右下／カフェも併設

🚗 洲本ICから車で約2分　🏠 洲本市下内膳76　📞 (0799)24-2707　🕐 8:00〜17:00、土日祝は7:30〜、イートインは7:30〜14:00(13:45L.O.)　休 火・水曜

🎁 ケーキ　エリア 洲本　MAP P.92B1

日洋堂
にちようどう

見た目もキュートな洋菓子がずらり

季節感ある生ケーキや手の込んだ洋菓子が常時約20種類ラインアップする。なかでもシロップに漬け込んだタマネギで覆われた見た目がSNS映えする「shintama」がいち押し。

上／shintama 580円（テイクアウト）
左下／イートインスペースも
右下／洗練された白い外観

🚗 洲本ICから車で約7分　🏠 洲本市物部2-12-3
📞 (0799)22-2296　🕐 9:00～19:00
🈺 火曜＆月曜不定休あり　🅿️ あり

🎁 食品　エリア 洲本　MAP P.92B1

中原水産
なかはらすいさん

無添加・減塩の安心ちりめん

淡路島・洲本で水揚げされたシラスやイカナゴを販売。鮮度はそのままに釜揚げ・天日干しを行う製法を3代にわたって受け継ぎ、幅広い層に愛されるちりめんを生み出す。

🚗 洲本ICから車で約10分　洲本バスセンターから徒歩約7分
🏠 洲本市炬口1-1-41　📞 (0799)22-1406　🕐 9:00～18:00
🈺 不定休　カード 可　🅿️ あり　URL www.jacoya.com

🎁 ジャム　エリア 洲本　MAP P.92B1

星の果実園 Dessert cafe & Confiture studio
ほしのかじつえん　でざーと かふぇ あんど こんふぃちゅーる すたじお

土耕栽培で育まれた淡路島産フルーツを

自家農園でつんだイチゴを使ったスイーツを提供。世界マーマレード大会プロの部で最優秀賞を受賞した淡路島なるとオレンジのジャムなども販売している。

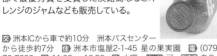

🚗 洲本ICから車で約10分　洲本バスセンターから徒歩約7分　🏠 洲本市塩屋2-1-45 星の果実園　📞 (0799)70-7300　🕐 11:00～18:00　🈺 火曜　カード 可　🅿️ あり
URL hoshinokajitsuen.jp

🎁 和菓子　エリア 洲本　MAP P.92B1

長手長栄堂 堀端本店
ながてちょうえいどう ほりばたほんてん

親子3代で伝統を受け継ぐ和菓子店

鳴門オレンジの皮を蜜漬けにし、ベルギーチョコレートでコーティングした「あわじオレンジスティック」756円や「鳴門漬けオレンジピール」540円など創作性豊かな商品が揃う。

🚗 洲本ICから車で約11分、洲本バスセンターから徒歩約10分
🏠 洲本市本町5-3-26　📞 (0799)24-1050　🕐 9:00～19:00
🈺 不定休　カード 可　URL nagate.com

🎁 雑貨店　エリア 洲本　MAP P.92B1

mooshuleek
むーしゅりーく

ていねいに手作りされた一点物に出合う！

店主自ら日本各地へ訪れて買い付けた、器やカゴ、布モノなどの手仕事雑貨を販売。斉藤幸代さんをはじめ、淡路島在住の作家の作品も。手に取ってお気に入りを見つけよう。

上／暮らしの道具が並ぶ　左下／六角ギボウシ皿 黄 3300円　右下／コモード56商店街にある

🚗 淡路島中央ICから車で約12分　🏠 洲本市本町5-3-1
📞 090-4498-9469　🕐 11:00～17:30　🈺 月・火・木曜
カード 可　🅿️ なし　URL mooshuleek.shop-pro.jp

🏨 ホテル　エリア 洲本　MAP P.92C2

ホテルニューアワジ
ほてるにゅーあわじ

淡路島最大規模のリゾートホテル

すべての客室から大阪湾や淡路海峡を望むことができ、回廊でつながった別館とも自由に湯巡りができるなどバリエーションに富んだステイが楽しめる。

🚗 淡路島中央スマートICから車で約15分　洲本バスセンターから送迎バス約10分　🏠 洲本市小路谷20　📞 (0570)079922　💰 朝夕2万3100円～　🛏 客室数 111室
カード 可　🅿️ あり　URL www.newawaji.com

---

voice 旬のフルーツで作るスイーツが人気の「星の果実園」。夏は自家農園のイチゴで作った苺シロップのかき氷やソフトクリームも味わえる。2023年新オープンのホシノカジツエンBloom (P.70) では海が見えるカフェテラスがありゆったりとスイーツが味わえる。

🏨 ホテル　エリア 洲本　MAP P.92C2
夢海游 淡路島
ゆめかいゆう あわじしま

充実の設備で満足度の高いステイを

　ふたつのフロアにさまざまなタイプの客室を備え、ひとり旅から家族旅行まで幅広く対応。「森のSPA」「海音の森」の2ヵ所あり、4種の浴槽を行き来する湯巡りが楽しい。

上／森のSPA「泉」
左下／山海の幸を多彩なメニューで
右下／美しい星空が広がる

🚗 淡路島中央スマートICから車で約13分　洲本バスセンターから送迎バス約5分　🏠 洲本市山手1-1-50　📞 0570-079922
💴 朝夕1万5400円～　客室数 101室　カード 可　駐車場 あり
URL www.yumekaiyu.com

🏨 ホテル　エリア 洲本　MAP P.92C2
渚の荘 花季
なぎさのしょう はなごよみ

青いパノラマをひとり占め

　テラスや客室から望む淡路島東海岸の眺望は、まさに絶景。美肌効果の高い洲本温泉の湯や淡路島の新鮮な魚介や野菜が織りなす料理が彩り豊かな旅を演出する。

上／日暮れ時はロマンティック
左下／浴室からの景色を堪能
右下／露天風呂付き客室「波瑠香」

🚗 淡路島中央スマートICから車で約15分　洲本バスセンターから送迎バス約10分　🏠 洲本市小路谷1053-16　📞 (0570)079922
💴 朝夕1万6500円～　客室数 28室　カード 可　駐車場 あり
URL www.awajihanagoyomi.com

🏨 ホテル　エリア 洲本　MAP P.92C2
淡路夢泉景
あわじゆめせんけい

和洋兼ね備えたワンランク上のステイ

　和モダンテイストな客室の特別フロア「里楽」や専用ラウンジなどを備え、ハイクオリティな滞在が楽しめる。

🚗 淡路島中央スマートICから車で約15分、洲本バスセンターから送迎バス約10分　🏠 洲本市小路谷1052-2　📞 (0570)079922
💴 朝夕1万9800円～　客室数 60室　カード 可　駐車場 あり
URL www.yumesenkei.com

🏨 ホテル　エリア 洲本　MAP P.92C2
淡路インターナショナルホテル ザ・サンプラザ
あわじいんたーなしょなるほてる ざ・さんぷらざ

新誕生した庭園大浴場を堪能！

　紀淡海峡を一望するワイドビューが魅力で、3～5階、6階、7階のフロアはそれぞれに異なった趣をもつ。2023年、別棟に新たに誕生した庭園大浴場とネイチャーサウナもぜひ。

🚗 洲本ICから車で約20分　🏠 洲本市小路谷1279-13　📞 (0799)23-1212　💴 朝夕2万1450円　客室数 54室　カード 可　駐車場 あり
URL www.the-sunplaza.co.jp

🏨 民宿　エリア 由良　MAP P.92B3
民宿はぎわら
みんしゅくはぎわら

素朴なたたずまいのほのぼの民宿

　活魚料理が自慢の民宿。由良産の新鮮な魚介にこだわり、市場での厳しい目利きにかなった食材で豪華な舟盛りや3年とらふぐの鍋など港町の宿ならではのメニューを提供する。

🚗 洲本ICから車で約20分　🏠 洲本市由良町内田824-1
📞 (0799)27-0175　💴 8800円～　客室数 11室
駐車場 あり　URL awaji-yura.com

🏨 ホテル　エリア 洲本　MAP P.92C2
海のホテル 島花
うみのほてる しまはな

ヘルシー料理が魅力のオーベルジュ

　東海岸のマリーナにたたずむホテル。異国情緒を感じるハーバービューと紀淡海峡が一望できるオーシャンビューが楽しめる。ペットと過ごせる客室も完備。

🚗 淡路島中央スマートICから車で約20分、洲本バスセンターから送迎バス約15分　🏠 洲本市小路谷1277-5　📞 (0570)079922　💴 朝夕1万8150円～
客室数 52室　カード 可　駐車場 あり　URL www.shimahana.com

voice〈　「渚の荘 花季」のリラクセーションでは古代ハワイアンが医療として行っていたマッサージのロミロミを施術。全身の疲れをほぐし老廃物を分解するなどデトックス効果が高く、ストレス解消や美肌効果なども期待できる。

南あわじ・福良

みなみ　ふくら

島の最南端に位置し、大鳴門橋を通って徳島に入る、四国方面への橋渡し的な役割をもつエリア。鳴門の潮流に育まれた海産物は、ぜひとも食べておきたい。

📷 観る・遊ぶ

自然や文化を通じ島の素顔に迫る

国内屈指の水仙群生地、うず潮を望む複合施設、国生み神話ゆかりの沼島、人形浄瑠璃の劇場など島の自然や文化に触れるスポットが充実。

🍴 食べる・飲む

福良港のおひざもとは魚グルメの宝庫

島南部の名漁港、福良港があるエリアだけに、魚グルメの質は折り紙付き。食堂から、レストラン、寿司店まで、さまざまなお店が揃う。

🎁 買う

道の駅やマルシェ、島で希少な酒蔵も

福良港にある道の駅など、おみやげ探しに最適。また、島内に2軒しかない酒蔵のひとつで、旬の魚介に合う1本を見つけるのも一興だ。

🏠 泊まる

海沿いの宿で知る島旅の醍醐味

民宿や旅館、ホテル、ヴィラなど、さまざまなタイプの宿泊施設が揃う。ロケーションは海沿いが多いので、島旅の醍醐味が満喫できる。

南あわじ

けいのSUP P.100
SolaVilla P.36
るりいろヒルズ淡路 P.42
NAMI NO OTO BREWING P.71
ふくカフェ P.101
サンライズ淡路 P.102
湊港
津井港
かわらや P.49
松帆小学校
西淡三原IC
瓦割り体験道場 P.48
津井郵便局
辰美小学校
淡路島 さと味 P.100
おのころ島神社 P.59
美菜恋来屋 P.73
松葉寿司 P.100
お局塚 P.62
南あわじ市 滝川記念美術館 玉青館 P.99
センザン醤油・秦組本店 P.101
都美人酒造 P.102
成井さんちの完熟たまねぎ直売所 P.74
南海荘 P.103
三原中学校
南あわじ市役所
緑の道しるべ 阿那賀公園
淡路島うずしお温泉 うめ丸 P.53
淡路人形浄瑠璃資料館 P.65
淡路三原高等学校
覚住寺 P.61
広田梅林 ふれあい公園 P.99
ホテルアナガ P.103
阿那賀郵便局
designer's villa EDGE P.38
護國寺 P.61
神代小学校
淡路ファームパーク イングランドの丘 P.99
観潮荘 P.103
淡路島南IC
拡大図左下
賀集小学校
淡路島牧場 P.99
あわじ島バーガー 淡路島オニオンキッチン うずまちテラス店 P.68
煙島 P.62
南淡中学校
萬福寺 P.61
諭鶴羽ダム
鳴門海峡
うずの丘 大鳴門橋記念館 P.78、99
淡路島海上ホテル P.103
北阿万小学校
南あわじリフレッシュ交流ハウス ゆーぷる P.99
諭鶴羽山
絶景レストラン うずの丘 P.66
じゃのひれSUP P.44
淡路じゃのひれドルフィンファーム P.44
山ぼうしの広場
大鳴門橋
若人の広場公園 P.41、79
灘黒岩水仙郷 P.52、78
Nook〜ヌーク〜 P.102
長谷寺

福良拡大図

湊小宿
海の薫とAWAJISHIMA P.103
楓勇吉商店 P.100
福良八幡神社
南淡郵便局
あわじ阿呍 P.101
福良小学校
福良郵便局
山武水産 P.100
南あわじ観光案内所 P.126
うずしおクルーズ P.46、79
山田海産物 P.102
淡路人形座 P.64
フェアフィールド・バイ・マリオット・兵庫淡路島福良 P.103
福良マルシェ P.101
ひらまつ食堂 P.101
練物屋 福良店 P.101
淡路島しふぉんの店 fortune P.102
G.ELM P.100
おのころクルーズ P.58
沼島
沼島中学校
上立神岩 P.58、79

凡例:
● 観る・遊ぶ
Ⓡ 食事処
Ⓢ みやげ物店
Ⓗ 宿泊施設
Ⓐ アクティビティ会社
卍 寺院
Ⓗ 神社
♨ 温泉
ℹ 観光案内所

VOICE さまざまな楽しみ方ができる「淡路ファームパークイングランドの丘」。グルメももちろん充実しており「匠の自家工房専門店 おいしい工房」では淡路島産のブランド豚や卵を使ったソーセージや乳製品が購入できる。

📷 美術館　エリア 南あわじ　MAP P.98B1

南あわじ市滝川記念美術館 玉青館
みなみあわじしたきがわきねんびじゅつかん ぎょくせいかん

日本の南画を代表する画家の足跡を知る

現代南画の第一人者、直原玉青の絵画をコレクションする美術館。代表作「禅の牧牛 うしかひ草」など名作を多数展示。

🚃 西淡三原ICから車で約5分　🏠 南あわじ市松帆西路1137-1　📞 (0799)36-2314　🕐 9:00～17:00(入館受付は～16:30)　🗓 月曜(祝日の場合は翌日)、年末年始　💴 入館料大人300円　🅿 あり　URL www.city.minamiawaji.hyogo.jp/soshiki/gyokuseikan/main.html

📷 テーマパーク　エリア 南あわじ　MAP P.98C1

淡路ファームパーク イングランドの丘
あわじふぁーむぱーく いんぐらんどのおか

園内はイギリスの湖水地方をイメージ

園内ではコアラをはじめ、ウサギや羊などの動物と出合うことができ、地元食材のグルメも盛りだくさん。四季の花々、野菜の収穫体験や遊びの広場で楽しむことができる。

上／1日では遊び尽くせないほど広大な敷地　左下／30年にわたって施設の顔を務めるコアラ　右下／園内には花畑や温室など植物の観賞施設も豊富

🚃 洲本ICから車で約12分　🏠 南あわじ市八木養宜上1401　📞 (0799)43-2626　🕐 9:30～17:00(季節により変動あり)　🗓 火曜(繁忙期は営業)　💴 入園料大人1200円　💳 可(一部店舗使用不可)　🅿 あり　URL www.england-hill.com

📷 牧場　エリア 南あわじ　MAP P.98C1

淡路島牧場
あわじしまぼくじょう

新鮮牛乳を使ったグルメに舌鼓

乳しぼりやバター作り、子牛の乳飲まし体験など楽しい体験がたくさん。ソフトクリームや手作りチーズなどで淡路島牛乳のおいしさが堪能できる。

🚃 洲本ICから車で約13分　🏠 南あわじ市八木養宜上1　📞 (0799)42-2066　🕐 9:00～17:00　🗓 不定休　🅿 あり　URL www.awajishima.or.jp

📷 公園　エリア 南あわじ　MAP P.98C1

広田梅林ふれあい公園
ひろたばいりんふれあいこうえん

2月中旬～3月上旬が見頃

広田梅林には南高、鶯宿など約450本を栽培。開花のピークになると、一面が薄紅色と白色にほんのりと染まり、ほのかな甘い香りが漂う。

🚃 洲本ICから車で約10分　🏠 南あわじ市広田広田1016　📞 (0799)43-5221　🅿 あり　URL www.city.minamiawaji.hyogo.jp/soshiki/shoukou/hirota-bairin.html

📷 銭湯　エリア 南あわじ　MAP P.98B2

南あわじリフレッシュ交流ハウス ゆーぷる
みなみあわじりふれっしゅこうりゅうはうす ゆーぷる

遊びに美容に、2種の浴室で楽しめる

自然に囲まれた環境でゆっくり温泉につかることができる憩いの施設。美容・健康の機能をもった温泉も備える。

🚃 西淡三原ICから車で約15分　🏠 南あわじ市北阿万筒井1509-1　📞 (0799)50-5126　🕐 10:00～22:30(最終受付22:00)　🗓 第3木曜(8月は無休)　💴 大人630円　🅿 あり　URL awaji-island.com/yupuru

📷 記念館　エリア 福良　MAP P.98A2

うずの丘大鳴門橋記念館
うずのおかおおなるときょうきねんかん

名産タマネギの巨大オブジェも必見

淡路島のグルメやエンターテインメントが楽しめる複合施設。2階のレストランでは絶景とともに島のごちそうが味わえ、オリジナルのみやげショップやうずしお科学館も併設。

上／映像や立体装置でうず潮について学ぼう うずしお科学館　左下／雄大な海を眺めながらひと休み　右下／たまねぎキャッチャーもスタンバイ!

🚃 淡路島南ICから車で約2分　🏠 南あわじ市福良丙936-3　📞 (0799)52-2888　🕐 9:00～17:00　🗓 火曜日(祝日、繁忙期は状況により臨時営業)　💳 可　🅿 あり　URL kinen.uzunokuni.com

---

Voice〈 うずの丘大鳴門橋記念館内「あわじ島バーガー淡路島オニオンキッチン うずの丘店」のあわじ島オニオンビーフバーガー 850円は淡路島産のタマネギや淡路牛、トマトのうま味が一体となって味わえる。ぜひ、ご賞味を。

📷 手延べ門干し体験　エリア 福良　MAP P.98A3
楓勇吉商店
かえでゆうきちしょうてん

作って、食べて！ 大満足の食体験

淡路島の特産品のひとつ・手延べそうめん。2本の棒で麺をさばきながら延ばす、門干し工程が体験できる。体験後は釜揚げそうめんを召し上がれ！（要予約）

🚗 淡路島南ICから車で約10分　🏠 南あわじ市福良乙934-6
☎ (0799)52-0238　🕐 10～3月の午前中　🈚 不定休
💴 手延べ門干し体験3000円　🅿 あり

📷 SUP体験　エリア 南あわじ　MAP P.98B1
けいのSUP
けいのさっぷ

日本の夕陽百選の景勝地で絶景SUP体験

淡路島随一の景勝地、慶野松原を目の前にSUP体験ができる。ツアーは朝7時からのモーニングSUPを含めて5コース。夕日を望むサンセットSUPは、1度は体験したい。

上／サンセットタイムは正に絶景　左下／SUPヨガも不定期に開催　右下／DIYで完成した店舗

🚗 西淡三原ICから車で約10分　🏠 南あわじ市松帆古津路577-78
☎ (050)3700-7761　🕐 7:00～19:00(3日前までに要予約)
💴 大人5000円、小学生以下3000円　🈚 無休　🅿 あり
URL keino-sup.com

🍚 海鮮　エリア 南あわじ　MAP P.98B1
淡路島 さと味
あわじしま さとみ

鳴門の絶品魚介を豊富なコースで

淡路島の新鮮な魚介を地酒とともに提供。鱧すき・鱧なべコース8800円～、淡路島3年とらふぐコース1万1300円～などで南あわじブランドを存分に味わえる。

🚗 西淡三原ICから車で約10分　🏠 南あわじ市湊284　☎ (0799)36-2603　🕐 11:30～14:30、17:00～21:00　🈚 火曜　💳 カード可
🅿 あり　URL www.satomi-awajishima.com

🍚 寿司　エリア 南あわじ　MAP P.98C1
松葉寿司
まつばずし

食の宝庫・淡路島の旬を味わう

港直送の新鮮魚介を生かした料理を提供。赤うに丼や生しらす丼、ハモなど季節限定メニューを豊富に味わえるのもうれしい。てっちり、ふぐ会席などのふぐメニューも揃えている。

🚗 洲本ICから車で約5分　🏠 南あわじ市広田広田528-1
☎ (0799)45-1019　🕐 11:00～14:00、17:00～20:30　🈚 水曜
💳 カード可　URL www.matsuba-sushi.com

🍚 海鮮　エリア 福良　MAP P.98A3
山武水産
やまたけすいさん

海の幸のおみやげも豊富

魚介本来の味を楽しめる海鮮炉端焼きと丼メニューが自慢。ぷりぷりした食感が絶妙な大あさり焼き800円は、ぜひとも食べておきたい一品。

🚗 西淡三原ICから車で約10分、福良バスターミナルから徒歩約2分　🏠 南あわじ市福良港
☎ 080-3036-9284　🕐 9:00～17:00　🈚 水曜、悪天候の場合は休業　🅿 あり　URL http://yamatakesuisan.com

🍚 ジェラート　エリア 福良　MAP P.98B3
G.ELM
じーえるむ

地元民御用達のジェラート

地元の酪農家から直送の生乳や季節のフルーツや野菜を使ったアイスクリーム、シャーベットが人気。牛乳は飼育環境にこだわった牛から搾られており安全性も折り紙付き。

上／濃厚な牛乳アイスやジェラートが絶品　左下／おしゃれで居心地のよい店内　右下／テイクアウトもOK

🚗 西淡三原ICから車で約15分、福良バスターミナルから徒歩約1分　🏠 南あわじ市福良甲1530-2　☎ (0799)50-2332　🕐 10:00～17:00、売り切れ次第閉店　🈚 水・木曜　🅿 なし

Voice　「けいのSUP」の料金にはSUP一式レンタル、レクチャー＆ガイド、写真撮影が含まれる。無料の更衣室やシャワールームも完備。ペットも参加できるほか、7人までのメガSUPやロングコースプランもあるので気になる方は問い合わせを。

カフェ エリア 南あわじ MAP P.98C1

ふくカフェ
ふくかふぇ

隠れ家的なゆったり空間が魅力

　築100年を超える古民家を利用したカフェ。本格的なベルギーワッフルや豆を厳選した自家焙煎コーヒーなどのこだわりメニューでくつろぎのひとときを。

🚗 洲本ICから車で約12分　🏠 南あわじ市倭文長田224　☎ (0799)53-6170　🕐 10:00～18:00(L.O.17:00)　🈳 木曜　URL fuku-cafe.net

海鮮 エリア 福良 MAP P.98A3

ひらまつ食堂
ひらまつしょくどう

福良港すぐそばの名物食堂

　地元民だけでなく、多くの観光客でにぎわう食堂。目玉はなんといっても新鮮な地魚。コスパの高さと豊富な品揃えは折り紙付きで、昼酒を楽しめる酒場としてもおすすめ。

上／一番人気は造り定食2800円　左下／豊富なメニューも自慢　右下／1952年創業の老舗

🚗 淡路島南ICから車で約8分　🏠 南あわじ市福良丙28-19　☎ (0799)52-0655　🕐 12:00～13:30(L.O.)、18:00～21:00(L.O.)　🈳 月曜　🅿 あり

練物 エリア 福良 MAP P.98B3

練物屋 福良店
ねりものや ふくらてん

揚げたてを片手に観光散策

　淡路島が誇る老舗かまぼこ店の直営店。商品は注文を受けてから揚げるので、アツアツが食べられるのもうれしい。できたてを手に近隣の名所を巡るのがおすすめ。

🚗 淡路島南ICから車で約10分　🏠 南あわじ市福良甲1530-2　☎ (0799)52-0120　🕐 10:00～17:00、木曜は～16:00　🈳 水曜　🅿 あり　URL nerimonoya.jp

道の駅 エリア 福良 MAP P.98B3

あわぢ 阿吽
あわぢ あうん

鯛・ハモ・フグならおまかせ

　地元産そうめんに天然鯛がまるごと入った鯛そうめんが人気。食材の8割以上が淡路島産で、最良の状態で提供できるよう、前日までの予約を推奨している。

上／鯛そうめんコース 昼5500円、夕6600円　左下／店内　右下／観光地へのアクセスも抜群

🚗 西淡三原ICから車で約15分、福良バスターミナルから徒歩約2分　🏠 南あわじ市福良甲1528-25　☎ (0799)52-1514　🕐 12:00～14:00(土・日曜、祝日)、17:00～21:00　🈳 水曜、その他臨時休業あり　🅿 あり　URL awajiaun.com

醤油 エリア 南あわじ MAP P.98C1

センザン醤油・秦組本店
せんざんしょうゆ・はたぐみほんてん

島内でしか買えない淡路島産醤油

　明治23年創業の淡路島唯一の醤油蔵。国産丸大豆と小麦を原料に、ミネラル豊富なあらびき天日塩を加え熟成させ、ふた夏蔵で寝かせる手作りのこだわり醤油は風味が抜群。

上／純正かけ醤油900mℓ 800円　左下／歴史を感じる醤油蔵　右下／販売は事務所受付で

🚗 西淡三原ICから車で約8分　🏠 南あわじ市八木新庄301-1　☎ (0799)42-0001　🕐 8:00～17:00　🈳 土・日曜、祝日　🅿 あり　URL www.m-awaji.jp/~senzan

🎁 ケーキ　エリア 福良　MAP P.98B3

淡路島しふぉんの店 fortune
あわじしましふぉんのみせ ふぉーちゅーん

手作りで体に優しいシフォンケーキ

　淡路島の卵、牛乳、米粉に国産小麦と米油を使って焼き上げるシフォンケーキは甘さ控えめでもっちり食感が魅力。島の果物や野菜を使った季節のシフォンケーキも人気。

上／ワンカットシフォン 300 円〜
左下／18cm ハーフサイズも　右下／15年以上愛され続けるスイーツ店。店舗も改装し元気に営業中

🚉 淡路島南ICから車で約13分、福良バスセンターから徒歩約1分
🏠 南あわじ市福良甲1530-2　📞 (0799)52-3607
🕐 10:00 〜 17:00　🈺 火・水曜
🅿 あり　URL fortune.ocnk.net

🎁 地酒　エリア 南あわじ　MAP P.98B1

都美人酒造
みやこびじんしゅぞう

伝統の酒造りを受け継ぐ

　淡路島南部の酒蔵10軒が昭和20年に合併して創業。酒造りの本流である山廃仕込みを守り続ける。全国的に珍しい石の重みで酒を搾る「槽掛け天秤搾り」を復活させた。

右上／純米大吟醸 無限大720ml 6215 円　右下／酒蔵見学、試飲体験も実施（現在は休止中）　左／淡路島なるとオレンジ酒 1760 円

🚉 西淡三原ICから車で約7分　🏠 南あわじ市榎列西川247
📞 (0799)42-0360　🕐 9:00 〜 16:00　🈺 土・日曜、祝日
🅿 あり　URL www.miyakobijin.co.jp

🎁 食品　エリア 福良　MAP P.98A3

山田海産物
やまだかいさんぶつ

贈答品で大人気の海の幸

　ちりめん、くぎ煮、ワカメ、干物、ノリなど手作りの海産物を豊富に取り扱う。五つ星ひょうご選定商品であるわかめ煮（紙袋入り）648 円は肉厚で甘味があり、ご飯のお供に最適。

🚉 淡路島南ICから車で約8分　🏠 南あわじ市福良丙28-18　📞 (0799)52-0194
🕐 8:30 〜 17:00　🈺 水曜、第4木曜
🅿 あり　URL www.kaisanbutsu.jp

🏨 ホテル　エリア 南あわじ　MAP P.98C1

サンライズ淡路
さんらいずあわじ

淡路ふれあい公園に隣接

　淡路島の中央に位置する緑豊かな公園施設。スポーツ、合宿、温泉、会議など多目的に利用でき、テニスコートとグラウンドにはナイター設備も完備。

🚉 洲本ICから車で約10分
🏠 南あわじ市広田1466-1　📞 (0799)45-1411　💴 素5500円〜、朝6600円〜、朝夕7700円〜　🛏 客室数 18室（トレーラーハウス7室）
💳 可　🅿 あり　URL www.sunrise-awaji.com

🏨 貸し別荘　エリア 南あわじ　MAP P.98C3

Nook 〜ヌーク〜
ぬーく

「何もない」を堪能する

　何もない nook（辺鄙）な場所で日々の喧騒を忘れてほしいという願いが込められた1日1組限定の貸し別荘。ゆっくりと流れる時間を海とともに堪能して。

上／海を見ながら何も考えずに過ごす「Peak」　左下／寝室もオーシャンフロント「Wharf」　右下／大開口の先には海だけが広がる「Hub」

🚉 西淡三原ICから車で約25分　🏠 南あわじ市灘土生297
📞 080-7622-4403　💴 素3万9380円〜　🛏 客室数 3室　💳 可
🅿 あり　URL www.nooooook.com

---

voice〈「山田海産物店」で、ご飯のお供として購入したいのが、みりん干し。サンマと太刀魚はいずれも手開きで秘伝のたれに一昼夜漬け込むことでうま味を最大限に引き出す。軽く炙ってレモンや大根を添えるのがおすすめ。

民宿　南海荘
なんかいそう

エリア 南あわじ　MAP P.98A1

アーティスティックな老舗民宿

淡路島のアーティストたちの作品で設えた部屋もあり、モダンな意匠が楽しい。シェフ兼任の3代目が腕を振るう食事はイタリアンやフグ料理など幅広く提供。

🚗 淡路島南ICから車で10分　🏠 南あわじ市阿那賀1603
☎ (0799)39-0515　💰 朝夕2万2000円〜
客室数 4室　カード 可　駐車場 あり　URL www.nankaiso.com/main

民宿　観潮荘
かんちょうそう

エリア 南あわじ　MAP P.98A2

素朴なもてなしと自然がごちそう

豊かな緑に囲まれた集落にたたずむ温泉民宿。うずしお温泉を引く大浴場からは海峡パノラマを一望でき、四季折々の旬を味わえる郷土料理は味、ボリュームともに大満足。

🚗 淡路島南ICから車で約3分　🏠 南あわじ市阿那賀906
☎ (0799)39-0372　💰 朝夕1万3000円　客室数 11室
駐車場 あり

ホテル　フェアフィールド・バイ・マリオット・兵庫淡路島福良
ふぇあふぃーるど ばい まりおっと ひょうごあわじしまふくら

エリア 福良　MAP P.98B3

南あわじの観光拠点に最適なホテル

うずしおクルーズや慶野松原といった観光地へのアクセス良好。平均25㎡の客室は、ゆったりしていて快適なステイが楽しめる。周辺には新鮮魚介が楽しめる店も充実。

上／木を基調としたロビーラウンジ　左下／スタンダードツイン　右下／朝食付きプランもあり

🚗 西淡三原ICから車で約12分　🏠 南あわじ市福良甲512-154
☎ (06)6743-4750　🕐 in15:00／out11:00　💰 素1万5730円〜
客室数 100室　カード 可　駐車場 あり　URL marriott.co.jp/osafi

オーベルジュ　ホテルアナガ
ほてるあなが

エリア 南あわじ　MAP P.98A2

レンタサイクルやテニスも楽しめる海岸リゾート

鳴門海峡を一望できる海辺のオーベルジュ。居住性抜群の客室はもちろんレジャー設備も充実しており、ガーデンプールやテニスコート、愛犬と宿泊できる部屋もある。

上／客室はすべて南向きのオーシャンビュー　左下／食事は地元食材を使ったフランス料理、日本料理を提供　右下／眼前に海と空が広がる開放的な立地

🚗 淡路島南ICから車で約7分　🏠 南あわじ市阿那賀1109
☎ (0799)39-1111　💰 朝夕2万9200円〜　客室数 44室　カード 可
駐車場 あり　URL www.hotelanaga.com

ホテル　淡路島海上ホテル
あわじしまかいじょうほてる

エリア 福良　MAP P.98B2

福良湾の静寂に身を委ねる

鳴門鯛、ハモ、3年とらふぐ、淡路牛など瀬戸内の食を堪能できる宿。福良湾の夕景を一望する客室、美人の湯と名高い潮崎温泉に身も心も癒やされる。

🚗 西淡三原ICから車で約10分、福良バスターミナルから徒歩約17分　🏠 南あわじ市福良甲21-1
☎ (0799)52-1175　💰 朝夕1万3350円〜　客室数 130室
カード 可　駐車場 あり　URL www.awajishimakaijyo.com

旅館　湊小宿 海の薫と AWAJISHIMA
みなとこやど うみのかおりとあわじしま

エリア 福良　MAP P.98B3

レトロな港町の小さなお宿

福良の観光地からほどよく離れた町にたたずむ小宿。屋上展望風呂、活気あふれるダイニングなど設備が充実しており、和モダンな客室も快適性抜群。

🚗 西淡三原ICから車で約15分、福良バスターミナルから徒歩約2分　🏠 南あわじ市福良1529-7
☎ (0570)079922　💰 朝夕1万4300円　客室数 24室　カード 可
駐車場 あり　URL www.minatokoyado.com

voice 「フェアフィールド・バイ・マリオット・兵庫淡路島福良」の朝食は、淡路牛やシラスなどの特産品を駆使したメニューが並ぶ、朝食ボックスプラン1万9730円〜。体に優しい発酵調味料をメインに使用し、1日を健やかに過ごせるようアシスト。

103

淡路島 島人インタビュー 4
Islanders' Interview

縁あって移り住んだ淡路島の地で
これからも人の縁を
大切に紡いでいく

境内で落語会を開催するなど、地元住民との交流にも積極的に取り組んでいる

上／島内の寺が持ち回りで祀る「回り弁天」
下／鮮やかな朱塗りの塔

八浄寺 ご住職　**岩坪 泰圓**さん（いわつぼ たいえん）

突然住職を継ぐことになり奮闘してきた日々

八浄寺の住職を務める岩坪泰圓さんは愛媛県出身。人手不足だった八浄寺を手伝うことになり、2017年に淡路島へと移り住んだ。「もともと1年間だけ働く予定だったんです。当初はここでずっと暮らすことになるとは思ってもみませんでした」

しかし、しばらくして先代住職が突然亡くなり、急遽跡を継ぐことに。住職となって忙しい毎日を過ごすうちにあっという間に4年が過ぎていた。「初めは淡路島独特の風習を知

上／7寺を巡って集めたくなる、愛らしい七福神のおみくじ
下／「淡路島にはあたたかい人付き合いがあり、今まで暮らした土地の中でいちばん住みやすい」と語る岩坪さん

らず戸惑うこともありました。例えば山参りという葬送儀礼。三十五日法要に親族一同が高い山のお寺に登り故人を供養し、その際におにぎりを麓に向かって投げるという風習です。喪主の方から山参りはどうします？と聞かれて、山参りって何ですか？と思わず聞き返してしまいました」と笑う。

淡路島の地で住職となることは予想もしていなかった岩坪さんだが、今あらためて振り返ると不思議な縁を感じるという。

「先代が存命の頃、『今までやってこられたのは、すべて人との縁のおかげ。縁を大切にしなさい』とよくおっしゃっていました。今思えば、自分がここに来たのも縁だったのかなと思います」

これからの時代に合ったお寺の形を模索していく

先代住職が中心となって始めた淡路島七福神めぐりも、現在は岩坪さんが事務局を引き継いでいる。

「コロナ禍のとき、毎年開催されている七福神めぐりのバスツアーが中止になり、今年は行けないのでどうしたらよいかという問い合わせが多

くありました。遠方で参拝できない方のために、オンラインなども含めて多くの方が七福神信仰に触れられる方法があってもいいのではないかと考えています」

お寺とオンラインと聞くと意外な組み合わせに感じるが、「実は親和性が高いと思う」と岩坪さん。

「遠方の方から電話やFAXで依頼があり、寺で祈祷をして後日お札を郵送することはうちのお寺では以前から行われてきました。ですからオンラインを使った遠隔での対応も可能なはず。例えば祈祷の様子をリアルタイムで見ていただくなど、さまざまな方法をが考えられます」

実は岩坪さんは大学で映像を学び、数年間は映像制作の仕事をしていたのだとか。オンライン化などの取り組みに、これまでの経験が生かせるかもしれないと語ってくれた。これからも先代の思いを継ぎ、遠方の人々との縁も大切につないでいくことだろう。

よく知ると、もっと淡路島が好きになる

淡路島の深め方
More about Awajishima

国生みの島と伝わる淡路島で受け継がれる文化や産業、

島の恵みいっぱいの農産物や魚介類などの食文化。

島の文化を知れば、旅はもっと楽しくなるはず！

気候風土に恵まれた、瀬戸内海最大の島

淡路島の地理と産業

▌離島トップの人口を誇る 瀬戸内海で最も大きい島

日本地図の中心付近、関西地方の南西端に位置し、明石海峡で本州、鳴門海峡で四国、紀淡海峡で紀伊半島と対する兵庫県の淡路島。約596㎢の面積は瀬戸内海に浮かぶ島としては最大であり、主要4島(本州、北海道、四国、九州)や沖縄本島などを除いた日本国内の離島としては、新潟県の佐渡島、鹿児島県の奄美大島、長崎県の対馬に次いで4番目の大きさを誇っている。

人口は、ピーク時に比べ減少しているものの約12万人で、国内の離島としては最も多い。それだけに、かつて島内は1市10町の行政区に分かれていたが、2004年から2006年にかけて行われた「平成の大合併」と呼ばれる市町村合併により、北から淡路市、洲本市、南あわじ市の3市となっている。

▌ふたつの大つり橋で結ばれた 好アクセスで身近な離島

離島へ渡るとなれば、フェリーや高速艇などの海上交通機関を使うのが一般常識。かつては淡路島もそうだったが、海峡をまたぐふたつの大つり橋が架けられてから、陸続きの離島として一気に身近な存在となった。

まず1985年6月に、南淡町(現南あわじ市)と四国の鳴門市を結ぶ大鳴門橋が開通。続いて1998年4月には、中央支間長1991m、全長3911mで世界最大級のつり橋として有名な明石海峡大橋が、淡路町(現淡路市)と本州の神戸市との間に開通した。それらにともない、島内を南北に縦断するかたちで神戸淡路鳴門自動車道も整備され、関西圏や四国圏からのアクセスが向上。

その観光や物流におけるインパクトは、淡路島の島内だけに留まらず、京阪神や四国にも広がっている。

▌島ならではの豊かな自然と 温暖少雨で快適な気候

島自体の構造は、本州と四国が瀬戸内海の陥没により分離した際に残った地塁状の島。地形的には、北部から中部にかけて広がる津名丘陵、南部を東西に延びる諭鶴羽山地、その間の地溝帯として広がる三原平野、洲本平野に区分される。

そんな島には、世界三大潮流のひとつに数えられる鳴門海峡のうず潮、万葉集にも詠まれた景勝地である慶野松原、淡路橋立と呼ばれる成ヶ島など、豊かな自然美が点在。「公園島淡路」の理念の下、人と自然の共生が推進されている。

気候は、年間平均気温約16℃、年間降水量約1500mmで、温暖少雨の瀬戸内式気候が顕著。夏はそれなりに暑いものの湿度はそれほど高くなく、場所によっては比較的快適に夜を過ごせる日も少なくない。

うずの丘 大鳴門橋記念館から望む大鳴門橋。淡路島には絶景スポットが盛りだくさん

世界最大級のつり橋である明石海峡大橋。夜はライトアップされ幻想的な景色を楽しめる

鳴門海峡に発生するうず潮。春と秋の大潮時には直径約30mにも達するのだとか

島を支える産業

漁業
多彩な海の幸が揚がる魚の宝庫

内海と外海、海峡に囲まれた淡路島は、古くから漁業が盛ん。天然物では漁獲量全国トップクラスのシラスをはじめ、イカナゴ、タコ類、マダイ、ハモ、サワラ、養殖物ではノリや、ワカメ、とらふぐなどが有名だ。

新鮮な魚がたっぷりのった海鮮丼。淡路島に訪れた際はぜひ味わいたい

農業
豊かな環境で育てられる島の恵み

年間を通じて温暖な気候と長い日照時間、水はけのよい土壌など恵まれた環境を生かし、島内各地で農業が展開されている。全国的に知られるタマネギを筆頭に、ビワやミカンなどの青果から、花卉まで多彩。

道の駅や産地直売所が多数点在するのでおみやげに農産物を購入しよう

畜産・酪農業
島で生まれ育った牛もまた美味

漁業や農業に加え、畜産・酪農業も淡路島を代表する産業のひとつ。瀬戸内海式気候で牛が育つ環境に恵まれ、牛飼の名人たちにより肉牛や乳牛が育てられている。淡路ビーフや淡路島牛乳などのブランドで有名。

淡路島牧場では、搾乳体験をはじめソフトクリームなどを満喫できる

voice 兵庫県には国内最多の約2万4000ものため池があり、淡路島は約1万ヵ所を有する日本一のため池密集地域。降水量の少なさに加え、大河川がなく山間地域が多いことから、農業用水確保のために小さなため池が数多く作られた。

規模、人口ともに日本屈指の離島である淡路島。海や山の豊かな自然に、町と人が溶け込み、島ならではの穏やかな雰囲気が随所にあふれている。気候風土にも恵まれ、かつての御食国を彷彿させる豊かな食材が満載。

Geography of Awajishima

島内食料自給率は100%超！御食国としての歴史と伝統

山海里の豊かな自然、年間を通じて温暖な気候などにより、淡路島には多くの恵みがもたらされてきた。なかでも、島の恵みを代表するのが上質な食材の数々だ。

古代から平安時代にかけて、淡路国は若狭国や志摩国と並び、海産物を中心とした食料を朝廷に献上する御食国の役割を担っていた。また、古事記に「旦夕淡路島の寒水を酌みて、大御水献りき」と記されている通り、時の仁徳天皇が毎日飲用する水も淡路島から運ばれていたのだ。そんな御食国の歴史と伝統は、過去のものでは決してなく、時代の流れとともに変化や進化を遂げながら、現在まで大切に受け継がれている。

ちなみに、淡路島の食料自給率は100%を超える高水準。まさに、食材の宝石箱なのだ。

タイ、ハモ、ウニなどの海産物をはじめ、淡路ビーフやタマネギなど高品質な食材が揃う

シェア日本一を誇る淡路島の線香

仏前や墓前に供えるだけでなく、香りのアイテムとしてアロマ感覚で普段の暮らしにも取り入れられている、線香。淡路島は、線香の生産量が日本一多いエリアとしても知られている。

線香のルーツである香木が、日本に初めて伝来したのも淡路島。『日本書紀』によると、推古天皇3年（595年）、漂着した香木（沈香）を島民が薪と一緒に竈で燃やしたところ、とてもよい香りが漂ったので朝廷に献上したという。島の西海岸、淡路市尾崎に鎮座する枯木神社には、香木伝来伝承地として枯木の御神体が祀られている。

そんな淡路島の地で、本格的に線香づくりの産業が立ち上がったのは江戸時代後期の嘉永3（1850）年。江井浦（現淡路市江井地区）の小間物商・田中辰蔵が、線香づくりが盛んだった泉州の堺から熟練職人の技術を学び伝えたことが始まりだという。

約170年にわたり受け継がれてきた線香づくり。今でも熟練の職人たちがすべての工程を手作業で行う。手づくりだからこそ出る独特な味わいが長きにわたり評価されているゆえんだ

島の恵みを生かした特産物

淡路島タマネギ
淡路島を代表するブランド食材

全国区の知名度を誇るブランド食材「淡路島タマネギ」。堆積層で硫黄分の少ない土壌により、辛みが少なく甘さと軟らかさに優れたタマネギになる。収穫時期で早生、中生、晩生に分かれる。

淡路島といえばタマネギ。さまざまな品種があるので食べ比べも楽しい

淡路ビーフ
高級ブランド牛に勝るとも劣らず

神戸ビーフや松阪牛など高級ブランド牛の素牛となる但馬牛のうち、6～7割は淡路島で生まれた仔牛。そのなかで、淡路島に留まり厳しい認定基準を満たした牛が「淡路ビーフ」。肉質、うま味、香り、三拍子揃った逸品だ。

口当たりがよく、かむほどに味わいが広がる淡路ビーフ

淡路島3年とらふぐ
天然ものを彷彿させる絶品ふぐ

ふぐの高級品種、とらふぐ。一般的な養殖物は2年で出荷されるが、淡路島では3年かけて育てるためサイズは通常の2倍。水温が低く潮流が速い海域で養殖するので、身が締まり味は濃厚で、天然物に引けを取らない。

てっちりをはじめ、てっさ、から揚げなどさまざまな調理で楽しみたい

淡路島の農地には、「たまねぎ小屋」と呼ばれる壁のない小屋がある。収穫したタマネギをつるし、1～2ヵ月かけて自然乾燥させるための設備だ。明治時代の終わり頃に、大阪の泉州地域から伝わったといわれている。

国生み神話の島が重ねた歴史。その足跡をたどる

淡路島の歴史

縄文時代	弥生時代	古墳時代	飛鳥時代	奈良時代	平安時代	鎌倉時代	南北朝時代	室町時代	安土桃山時代	江戸時代

| 縄文時代 前期 | 弥生時代 仲哀天皇2年（193年） | 古墳時代 後期 応神天皇22年（291年） | 飛鳥時代 697年 | 奈良時代 764年 | 平安時代 800年 / 805年 / 851年 / 901年 / 1184年 | 鎌倉時代 1200年 / 1283年 | 南北朝時代 1340年 / 1350年 | 室町時代 1519年 / 1526年 / 1539年 | 安土桃山時代 1576年 / 1578年 / 1585年 | 江戸時代 1610年 / 1615年 / 1617年 / 1631年 |

縄文時代 前期
淡路市育波に集落。※育波堂の前遺跡

弥生時代 仲哀天皇2年（193年）
南あわじ市松帆慶野に集落。※淡路島内で有舌尖頭器（石槍）が使われる

洲本市下内膳に集落。※洲本市松帆慶野に集落。

洲本市由良に集落。※由良生石遺跡

古墳時代 応神天皇22年（291年）後期
淡路に屯倉を定める。※中の御堂で銅鐸、周辺で銅剣出土

皇妃兄媛、淡路御原の海人80人を水夫として吉備に向かう。※日本書紀

古墳が築かれる。※沖ノ島古墳群等

飛鳥時代 697年
淡路など瀬戸内諸国飢饉。※続日本紀

奈良時代 764年
淳仁天皇（舎人親王の子）を廃し淡路公として淡路に配する。※続日本紀、淡路国分寺が完成する

平安時代
800年 崇道天皇（早良親王）のため、淡路に寺（常隆寺）を建てる。※日本後紀

805年 淡路の大和大圀魂神社を官社に列する。※文徳実録

851年 僧寂忍、醍醐天皇の勅願により淡路千光寺を創建。※当山日記

901年 淡路など南海道諸国及び大宰府に崑崘人がもたらした綿種を分ける。※日本後紀逸文、類聚国史

1184年 源頼朝、後白河法皇の命を奉じて、淡路国佐野荘、生穂荘など賀茂社領での武士の狼藉を止める。※吾妻鏡

鎌倉時代
1200年 佐々木経高、淡路の国務を妨げ兵を京に集め騒乱。後鳥羽上皇、源家に命じ経高の守護職を停める。※明月記、吾妻鏡

1283年 千光寺の釣鐘奉納。

南北朝時代
1340年 細川師氏が立川瀬（賀集）の戦で宇原氏を破り養宜館に入る。

1350年 足利氏が熊野菅水軍の安宅氏に沼島の南朝方水軍の退去を命ずる。安宅氏、瀬戸内海の海賊を平定するため由良に築城。※阿波国徴古雑抄

室町時代
1519年 安宅秀興、千光寺に鐘を寄進する。

1526年 由良城を本拠地とする安宅治興が、三熊山上に洲本城を築城する。

1539年 三好長慶（範長）、上洛し細川晴元等と対立する。※親俊日記

安土桃山時代
1576年 織田信長、由良の安宅信康に命じ岩屋を守備させる。※萩原員振氏所蔵文書

1578年 毛利輝元、水軍児玉就英を岩屋城に置く。※萩藩閥閲録

1585年 脇坂安治、洲本城主となる。

江戸時代
1610年 姫路の大名池田氏が、淡路を治める。

1615年 阿波の蜂須賀至鎮、淡路6万3000石余を加封される。筆頭家老稲田氏が由良城代となる。※阿淡年表秘録、駿府記

1617年 岩屋を含め、淡路全土が蜂須賀家の所領となる。

1631年 4年かけて由良城を廃止し淡路政庁を洲本城へ移転させる（由良引け）。

原始
国内最大規模を誇る弥生時代の鉄器工房

旧石器時代のナイフ型石器が出土しているほか、縄文時代の遺構も確認されている。洲本市の下内膳遺跡では、弥生時代の竪穴住居跡や水田跡、方形周溝墓が出土。弥生時代前期から中世まで続いたとみられる淡路島の代表的な拠点集落地だ。淡路市の五斗長垣内遺跡は、国内最大規模の鉄器製造群落。弥生時代後期の鉄器工房跡が、12棟確認されている。

2012年に国の史跡に指定された五斗長垣内遺跡、貴重な出土品を公開

古代
古代日本国家を支えた淡路島の海人たち

淡路市の貴船神社遺跡は弥生時代末から古墳時代の製塩遺跡で、兵庫県初の「石敷き製塩炉」が発見された。また、応神天皇から允恭天皇の時代（4世紀末～5世紀中頃）には、『古事記』『日本書紀』で淡路の記述が多く登場する。とりわけ、野嶋の海人や御原の海人など、海の仕事に携わる人々が記されていることから、淡路島と天皇家との間に深い関わりがあったと推測される。

滝川記念美術館玉青館では銅鐸などが展示されている

洲本市の先山は、伊弉諾尊と伊弉冉尊による国生みで最初にできた山といわれ、霊峰としてあつい信仰を集めている。山内には、淡路四国八十八ヶ所第1番札所の千光寺や、天照大神を祀る岩戸神社などがある。

伊弉諾尊と伊弉冉尊の国生み神話において、日本列島発祥の地とされる淡路島。
古来、瀬戸内海で最大の島は、その要衝として長い歴史を重ね続けてきた。
島のことをより深く知るには、島が歩んだ足跡をたどってみるのが一番だ。

神が生んだ 日本列島発祥の島

現存する日本最古の歴史書『古事記』、日本初の編年体での歴史書『日本書紀』は、ともに国造りの物語から始まる。『古事記』の冒頭に記されているのは、伊弉諾尊と伊弉冉尊によって生まれた日本列島のうち、最初の島が淡路島だったという国生み神話だ。

二神が、まだ陸地のない下界を天沼矛（あめのぬぼこ）でかき混ぜ引き上げると、矛先から落ちた雫が固まり、おのころ島ができた。二神は島へ降臨して夫婦の契りを結び、まず初めに淡路島を生み出す。その後、四国、隠岐、九州、壱岐、対馬、佐渡、本州の順で、日本列島の島々を生んでいったという。

『古事記』編纂から1300余年を経た現在も、淡路島の内外には絵島や沼島、自凝島神社をはじめおのころ島の伝承地が点在。壮大な天地創造の物語が、脈々と受け継がれている。

おのころ島の伝承地のひとつ沼島。上立神岩やおのころ神社などゆかりの地が多い

江戸時代

1704年頃
現在の南あわじ市榎列二宮で、古銅印「大和社印」が発見される。

1799年
高田屋嘉兵衛、エトロフ航路を開く。

1830～1840年頃
江井で線香の製造が始まる。

1850年頃
福良で素麺の製造が始まる。

明治時代

1871年
兵庫、飾磨、豊岡、名東の4県が統合し、兵庫県（第3次＝現）が誕生する。

1876年
淡路が兵庫県と徳島県に二分されるが、後に名東県に入る。

1888年頃
タマネギの試作が始まる。

大正時代

1914年
賀集新九郎を中心に淡路鉄道株式会社が設立。

1925年
淡路鉄道、洲本～福良間（23.4㎞）全線が開通。後に、淡路交通と改称。

昭和時代

1946年
昭和南海地震。

1950年
瀬戸内海国立公園に指定される。

1964年
淡路人形協会の淡路人形浄瑠璃が、国の重要無形民俗文化財に指定される。

1969年
南淡路有料道路（うずしおライン）が開通。

1976年
淡路人形座開館。

1985年
大鳴門橋開通。

平成時代

1995年
兵庫県南部地震（阪神・淡路大震災）。

1998年
明石海峡大橋開通。

2004年
五斗長垣内遺跡で、国内最大級の鉄器製造群落跡が発見される。

明石海峡大橋

淡路人形座

中世～近世

淡路安宅氏の台頭と高田屋嘉兵衛の活躍

南北朝騒乱の時代、熊野の本家から独立し淡路島に移った安宅氏が、由良城を築城し勢力を誇る。その後、室町時代後期に洲本城を築城。江戸時代に入ると、由良城は廃城となり政治・経済の中心が洲本の城下へ移行してゆく。寛政年間には、都志本村（現洲本市五色町都志）出身の高田屋嘉兵衛が、蝦夷地との交易、エトロフ島への航路や周辺の漁場開拓などで活躍。

高田屋嘉兵衛公園には、高田屋嘉兵衛の功績を紹介する資料館がある

近代～現代

大震災を乗り越え、公園島として魅力発信

明治時代後期、当時の国内企業で売上高第1位を誇った鐘淵紡績（後のカネボウ）が洲本市に進出。大正時代には、3つの工場を有する西日本一の紡績工場へと発展し、昭和の戦後にかけて淡路島は紡績業で大いに栄えた。平成には、阪神・淡路大震災で全島が甚大な被害を受けるが、見事に復興。花と緑と海と空に彩られた「公園島」として、新しい魅力を発信し続けている。

野島断層保存館 北淡震災記念公園では、地震により出現した野島断層を保存・展示している

voice 幕末、洲本城代として淡路島を治めていた徳島藩筆頭家老の稲田氏は、尊皇攘夷派の立場をとり、勤王の志士たちと交流を深めていた。稲田氏の私塾学問所「益習館」には、西郷隆盛や桂小五郎も訪れたことがある。

淡路島の祭り歳時記

Festival of Awajishima

巨大な鏡餅を抱えて歩く姿は
思わず応援したくなる

1月

金山比古神社 的矢神事
❖ 1月8日　❖ 金山比古神社

的に矢を放ち1年間の無病息災と豊作を祈願する、約500年前から続く正月神事。農作物の豊凶を占った神事が起源といわれる。

蛇供養
❖ 1月11日　❖ 安住寺集落センター

藁で作られた長さ12mの蛇を人々に巻き付けながら、五穀豊穣と無病息災を願う。約500年前から続く、淡路島でも珍しい伝統祭事。

初大黒天祈願大祭
❖ 1月26日　❖ 八浄寺

淡路島七福神のひとつである、大黒様の秘仏が特別開帳される大祭。笑いで1年の厄を吹き飛ばして福を招く初大黒天笑福まつりも。

薬王寺 大鏡餅運び競争
❖ 1月12日　❖ 薬王寺 境内

力自慢の男たちが台座を含めた重さ約170kgの特大鏡餅を抱えて境内を往復、距離を競う。毎年、四国や関西からも参加者が集まる。

開運や厄除けを祈願する祭り

2月 / 3月 / 4月 / 5月

春季例大祭（通称：ねり子祭り）
❖ 2月11日　❖ 由良湊神社

数え3歳になった幼児の氏子入りを報告、無事成育を祈願する祭。御神幸の神輿のあとを稚児と家族親族が練り歩き、だんじりの神賑わいも続く。

ねり子祭りでは、母親も盛装する

岩屋浦祈祷祈願祭・浜芝居
❖ 3月第2日曜　❖ 石屋神社

1年の豊作と豊漁を祈願する祭礼。恵比須様と神輿を乗せた漁船団が海上を行進し、鯛を放流する。神社では豊漁祈願の浜芝居も。

的射の儀
❖ 4月第3日曜の前日　❖ 津井春日神社

津井地区で江戸時代から継承される、悪霊退散と五穀豊穣、家内安全祈願の伝統神事。南あわじ市指定無形民俗文化財。

6月

愛染祭り　❖ 6月30日　❖ 高雄山観音寺

寺に祀られる愛染明王の夜祭で、子供たちが提灯をともしてお参りする風情ある祭り。家内安全や縁結びに御利益がある。

7月

きうり加持祈願祭　❖ 7月（土用の丑の日）　❖ 大照寺

明治初めに住持した旭海上人が伝えたとされる、秘伝の加持祈祷。きゅうりに諸病平癒などの願いを封じ込め、成就を祈祷する。

8月

大綱曳
❖ 8月14日
❖ 慈眼寺周辺（南あわじ市福良）

戦国時代から伝わる行事で、長さ約500m、太さ約20cmの大綱を曳き合う。東軍が勝てば豊作、商売繁盛、西軍が勝てば大漁になるという。

柴燈まつり
❖ 8月16日　❖ 栢野薬師堂

室町時代の始まりと伝わる奇祭。約10mの大松明に太陽光から取った種火をつけ、先祖の霊に祈りをささげる、送り盆の行事。

全国で3ヵ所しか行われていないといわれる珍しい祭り

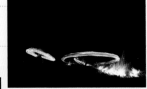

松明を振り回す姿は圧巻

内膳の火踊り
❖ 8月16日　❖ 洲本市下内膳

太鼓や鉦、音頭に合わせて縄に結んだ松明を振り回して踊り、死者の霊を送り出す。鎌倉時代から続くといわれる、送り盆の伝統行事。

洲本市の中心部に掛け声が響き渡る

9月 / 10月 / 11月 / 12月

水かけ祭り
❖ 9月第3日曜　❖ 事代主神社

明治初期から続く、豊漁祈願の伝統行事。道端から勢いよく浴びせられる水をくぐり抜けた神輿が、最後は海へ飛び込むさまは圧巻。

漁業の町・仮屋で親しまれる祭り

弁天祭
❖ 11月21〜23日　❖ 厳島神社

島内外から3万人以上の参拝者が訪れる、淡路島最大の祭り。最終日に行われる御神幸は、日本の奇祭のひとつに数えられている。

voice 淡路島には、祭りが多い。というよりもむしろ、1年365日もれなく祭りだ。島内に数多くある寺社での仏事や神事から、集落や地域に伝わる行事や祭事まで、規模や形態もさまざまな祭礼が、毎日島のどこかで行われている。

もっと知りたい！
淡路島のだんじり祭り

淡路市、洲本市、南あわじ市の80ヵ所以上の神社で年中行われているだんじり祭り。江戸時代から続くだんじり祭りについて知ると淡路島がますます好きになる。

左上／草香八幡神社の秋祭りに出される草香中の遣いだんじりの練り込み
上／亀岡八幡宮の春祭り。布団だんじり15台の宮入りとともに各地区のだんじり唄が奉納される
右／伊弉諾神宮の春祭りに出される中村布団だんじりの黒檀製狭間「小桜責め」開生珉 作

だんじりを知らずして、淡路島の祭りは語れない

　古くから淡路島では海や大地に感謝するさまざまな祭りが営まれてきた。なかでも、島の人々が熱狂するのはだんじりだ。だんじりといえば、唐破風の屋根を備えて豪快に曳き回す岸和田のものが全国的に有名。しかし淡路島では、屋根の上に緋色の布団を5段重ねた「布団だんじり」が主流である。その形態や練り方はさまざまで、唐破風の布団を3段重ねた「遣いだんじり」や、屋根のない「投げだんじり」といった独特の太鼓台も。また、古い形態の「舟だんじり」も祭りに出され、往時を偲ぶことができる。島内には、およ

そ300台のだんじりが存在し、祭りの神賑として、人々が誇りをもって受け継いでいる。

　さらに淡路はだんじり職人を多く輩出。特に明治以降の動きが目覚しく、瀬戸内海域でだんじりの新調が相次ぐなか、製作を一手に担う大歳屋や柏木福平などの職人集団が現れた。刺繍を施す縫箔師では小泉久吉や梶内近一など、彫刻師では開正藤・生珉父子、木下舜次郎、松田正幸などが切磋琢磨。その名声は関西一円まで鳴り響き、淡路は「だんじりの本場」と言われるに至った。

　水引幕や昼提灯、布団締めなどの

煌びやかな刺繍、組物の間の狭間や高欄などに施された精細で躍動感あふれる彫刻など、見どころをあげれば枚挙にいとまがない。そして、島が誇る伝統工芸の粋を結集しただんじりの魅力は、動きの中にある。町内の巡行をはじめ、お旅所や神社の宮入り、宮出しの迫力のある「練り」「唄」は圧巻の一言。地域によっては、淡路が育んだ浄瑠璃文化の下に成立した「だんじり唄」が歌われる。

　春から冬にかけて島内の各地で行なわれるだんじり祭り。だんじりのふるさと淡路島で、その魅力を存分に体感してほしい。

voice 淡路島を代表する郷土芸能で、だんじり祭りに欠かせない「だんじり唄」は、別名「浄瑠璃くずし」とも呼ばれる。淡路人形浄瑠璃の演目や歌謡浪曲から名場面を抜き取って節回しを付け、独自の団体芸に昇華させた。

島の手しごと

株式会社梅薫堂

吉井康人 さん
Yasuhito Yoshii

右上／約400種類もの線香やお香を取り扱う梅薫堂。写真は看板商品のひとつ「初梅」　左下／工場内では熟練の職人たちが一つひとつの工程を手作業で行う。周辺には線香工場が点在し、町を歩くとどこからともなく線香の香りが漂う　右下／乾燥させる前の線香は粘土のように軟らかい

　線香の日本国内最大産地の淡路島。1850（嘉永3）年、淡路島西岸の江井浦で廻船問屋7軒が線香作りを始め、170年以上にわたって受け継がれてきた。この廻船問屋の1軒であった梅薫堂で5代目社長を務める吉井康人さんは「江井浦は冬になると季節風が強くて船が出せなかった。冬枯れ対策となる新たな産業として、泉州堺から線香作りの技術を導入したのが始まりです」と由来を語る。

　西岸特有の季節風は、線香作りのなかでも重要な乾燥の工程において功を奏した。ベカコと呼ばれるスライド式の格子窓を設け、開き具合を調節することで自然の風を取り入れて線香を乾燥させたのだ。「近年は乾燥機を完備した工場も増えましたが、江井の町を歩くと今でもベカコがあちこちで見られますよ」

　梅薫堂にも現役のベカコをもつ工場があり、昔ながらの伝統技術を駆使して線香を手作りしている工場がある。「手作りの商品は大量生産できないですが、独特の味わいがあり今も人気です」

　手作りの商品を残すこと、上質な天然素材を使用することにこだわってきたという吉井社長。「これからも正直によいものを作り続けたい」

本物ならではの価値を
正しく伝えていくことが使命

Profile＊よしいやすひとさん

調合から仕上げまで一切の責任を担う香りのマイスター「香司（こうし）」のひとり。東洋と西洋の香りの融合を目指し、社長自ら精力的に活動する。

voice 淡路島の一宮町は嘉永年間から線香作りの町として知られており、梅薫堂のある江井地区から淡路島に広がった。2001年には後世に残したい香りのある風景を全国から選んだ「かおり風景100選」に選定、現在も町を歩けば線香の優しい香りを感じることができる。

波の音に誘われ
たどり着いた移住地

島に恋して

雄大に広がる海と豊かな土壌。
そこで活動するつくり手や
島の恵みに心が引かれました。

NAMI NO OTO BREWING 代表
河野充晃さん

島食材と生産者の想いを
ビールを通して伝えたい

「淡路島には豊富な食材があり、可能性しかありませんでした」そう語るのはクラフトビール醸造所の NAMI NO OTO BREWING 代表・河野充晃さん。

大阪で日本酒づくりとクラフトビール醸造に携わり、独立のため物件探しをしている際に、候補地として挙がったのが淡路島だ。しかし、最初からこの地に移住するとは決まってなかったそう。

「神戸から舞子の海近くで物件を探していましたが、なかなかいい土地が見つからず、知り合いのデザイナーに淡路島のお店を紹介していただいたことを機に、島に通うようになりました。そのときに出会った生産者の熱い想いと、訪れるたびに見つかる食材の豊富さに引かれ、この地に移住することを決意しました」

そして 2022 年 11 月に移住し、翌年 6 月にクラフトビール醸造所をオープン。物件探しの際に出会った生産者が栽培する、なるとオレンジを使ったビールは今や看板商品に。現在も精力的に島の生産者に会いに行き、ブドウやイチジク、新生姜やハラペーニョなど淡路島の恵みを生かした、さまざまなビールを造り続けている。「穏やかな気候と人柄が育てた島の恵みを、ビールを通して伝えていきたいですね」

上・中／季節ごとに異なるビールを醸造。淡路島で出合った食材がビール造りのアイデアに　下／金・土曜のみオープンする直売店は、河野さんが自らリノベーション

Profile ＊ こうのみつあき
大阪市淀川区出身。農学部を卒業し、食品加工会社で 5 年ほど勤務。その後、高槻にある酒蔵で、日本酒造りとクラフトビール醸造に携わり、ビール造りの奥深さに引かれ、2023 年淡路島で独立。島の恵みを生かしたビールを造りながら、島の暮らしを楽しんでいる。

voice　河野さんが丹精込めて造り上げたクラフトビールは、うずの丘大鳴門橋記念館（P.99）内ショップうずのくにや道の駅うずしお in うずまちテラスのほか、道の駅東浦ターミナルパーク（P.72）、美菜恋来屋（P.73）などで販売されている。

113

島言葉

海に響く 瀬戸内海最大の島

イントネーションは関西色が強い淡路弁だが、関西弁とは異なる言葉が多数存在している。それでも関西圏であることから関西弁のニュアンスに近い言葉や、藩政時代に管理下であった阿波藩の影響から阿波弁などの影響も見受けられる。

東

番付	標準語	島言葉
横綱	ふだん	はざ
大関	ひねる	ちみきる
大関	ずっと前	せんど
大関	ぬかるんだ	じゅるい
大関	最下位	げっと一
小結	いつか	いっつお
小結	気持ち	きしょかえー
前頭	もてあます	おもっしょい
前頭	おもしろい	あずる
前頭	小さい	こんまい
前頭	どなる	おがる
前頭	捨てる	ほかす
前頭	にぎやか	にんぎゃか
前頭	掘り起こす	おがす
前頭	荒っぽい	あらくたい
前頭	掛ける	もたす
前頭	帰る	いぬ
前頭	触る	いらう
前頭	くだらない	くさった
前頭	すねる	もがる
前頭	最初	とっぱち

西

番付	標準語	島言葉
横綱	近い	くねき
大関	壊れたもの	めげっちゃ
大関	すねる	どくれる
大関	食べ残し	わけ
関脇	腹が立つ	ごわわく
小結	寒い	いざぶりい
小結	こわがり	おじみそ
前頭	ゆるい	だすい
前頭	さかさま	さかっちょ
前頭	くすぐる	こそばす
前頭	力一杯	せっぱい
前頭	大きい	おっきょい
前頭	おてんば	はっちゃこ
前頭	すてる	ふてる
前頭	めくれる	へげる
前頭	困る	もだえる
前頭	ぶらさがる	ぶらくる
前頭	大袈裟な	ぽっこい
前頭	少し	ちょー
前頭	じぶとい	しわい
前頭	忙しい	せわしー

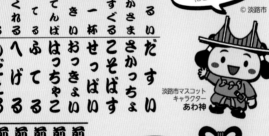

にんぎゃかやのう／にぎやかだな　© 淡路市
淡路市マスコットキャラクター あわ神

せんどぶり／久しぶり
淡路市マスコットキャラクター あわ姫

おもっしょいよー／おもしろいよ
淡路市マスコットキャラクター なみ

衆てつかれ／来てください
淡路市マスコットキャラクター なぎ

参考文献：じょろりでいこか！淡路ことば辞典／岩本孝之著（神戸新聞総合出版センター）

淡路市のマスコットキャラクターは、国生み神話をはじめ歴史文化をコンセプトとし、伊弉諾尊をモチーフとした「あわ神」、伊弉冉尊をモチーフとした「あわ姫」、そしてふたりの子供である双子の「なぎ」と「なみ」がいる。

旅行前に読んでおきたい
淡路島本セレクション

国生み神話の伝説が残り、歴史深い淡路島には、小説をはじめ、エッセイ、紀行文など淡路島に関する書籍が多数発行されている。またまちづくりの取り組みをまとめた本などバラエティ豊かだ。

『島物語Ⅰ』 小説

灰谷健次郎 著
KADOKAWA　角川文庫　630円
※現在は電子書籍のみ販売中
淡路島へ移住した小学4年生のタカユキが不安を抱えながらも、たくましく成長していく過程を描く島物語シリーズの第1弾。

『ラヂオ』 小説

阿久悠 著
NHK出版　1870円
戦後、淡路島に暮らす少年が友人のために放送劇を作ることに……。『瀬戸内少年野球団』に続く阿久悠の自伝的小説。

『菜の花の沖　全6巻』 小説

司馬遼太郎 著
文春文庫　825円〜
淡路島に生まれ、廻船商人となり、蝦夷地・箱館に進出する高田屋嘉兵衛の生涯を描いた司馬遼太郎の作品。

『蓼喰う虫』 小説

谷崎潤一郎 著
新潮文庫　605円
不仲になったが、離婚に踏み切れない夫婦を描く問題作。人形浄瑠璃を見るために淡路島へ行く場面がある。

『神苦楽島　上下巻』 小説

内田康夫 著
文春文庫　597円〜
テレビドラマ化もされる浅見光彦シリーズ。事件のカギを握る舞台となるのが国生み神話の伝説が残る淡路島だった……。

『悪魔が来りて笛を吹く
金田一耕助ファイル4』 小説

横溝正史 著
KADOKAWA　角川文庫　792円
金田一耕助シリーズのなかでも名作という呼び声の高い作品。作中に金田一耕助が淡路島に向かう場面が描かれる。

『お登勢』 小説

船山馨 著
講談社文庫　1100円
※現在は電子書籍のみ販売中
淡路島の貧農に生まれたお登勢が、愛を貫き、修羅場をくぐり、それでも生き抜く姿を描いた長編歴史ロマン。

『地域×クリエイティブ×仕事：
淡路島発ローカルをデザインする』 まちづくり

服部滋樹・江副直樹ほか編著
学芸出版社　1980円
淡路島で地域資源を生かした起業ををサポートするプロジェクトデザイン、地域ブランディングの成果をまとめた1冊。

『山猫珈琲　上巻』 エッセイ

湊かなえ 著
双葉文庫　660円
「山」「猫」「珈琲」を愛する淡路島在住の湊かなえのエッセイ。淡路島での生活についても書かれている。

『日常という名の海で 淡路島物語2』 エッセイ

菅耕一郎 著
アルファベータブックス　1980円
淡路島生まれの著者が、パリ遊学、天才アラーキーとの出会い、淡路島へ帰り母と静かに暮らす日常などを綴る。

『「始まりの国」淡路と「陰の王国」
大阪—古代史謎解き紀行—』 紀行

関裕二 著
新潮社文庫　572円
イザナキとイザナミは、なぜ淡路島を最初に産んだのかなど、国生みの神話ゆかりの地・淡路島の謎に迫る歴史紀行。

淡路人形浄瑠璃の次代を担う
若き女性人形遣いの情熱

大好きな人形を手にすれば、自然とほおが緩み、すてきな笑顔があふれる

淡路人形座 人形遣い　吉田 千紅さん
（よしだ せんこう）

中高の部活動を通じて
人形遣いの道へ

　室町時代後期、人形遣いの元祖である百太夫が淡路へ移り住んだことが起源とされる、淡路人形浄瑠璃。約500年の歴史と伝統を誇る島の伝統芸能は、国の重要無形民俗文化財に指定されている。江戸時代には、島内から多くの人形一座が全国各地を巡業し、歌舞伎と並ぶ人気を博していたという。しかし、現在残る人形一座は、淡路人形座のみとなってしまった。

　そんな一座で、数少ない女性座員のひとりとして修業に励んでいる

人形単体では無表情だが、人形遣いが魂を宿らせ人間以上の豊かな表情や感情を生み出す

のが、人形遣いの吉田千紅さんだ。
　「人形座の地元、南あわじ市で生まれ育ったので、人形浄瑠璃は身近な存在でした。小学校の体育館に一座が来てくれる、出張公演もありましたし。ただ、本気でのめり込んだのは、中学校に入ってから。南淡中学校の郷土芸能部で、同年代の人たちが人形を操っているのを見て、衝撃を受けたんです。そこから人形遣いに魅了され、高校も島で唯一の郷土部がある淡路三原高校へ進みました」

　部活を通じ淡路人形浄瑠璃の学びを深め、人形遣いとしての腕を磨いた千紅さん。2012年、高校卒業と同時に淡路人形座へ入座した。

舞台と客席の一体感に
喜びと感動が湧き上がる

　中学、高校の部活では部長も務めるなど、実績と経験を引っ提げての入座だったが、プロの世界は想像以上に厳しかった。
　「淡路人形浄瑠璃は、1体の人形を主遣い（頭と右手）、左遣い（左手）、足遣い（足）の3人一組で操ります。足遣い、左遣い、主遣いへと段階を経ていくのですが、

人形の着付けやメンテナンスはもちろん、舞台設営や音響、照明なども座員で手がける

『足8年、左8年、頭一生』といわれるほど長く厳しい修業が必要です。最初の頃は、筋肉痛と疲労で毎朝ベッドから起き上がれませんでした（笑）。今も、まだまだ一人前にはほど遠い修業の身です……」

　そう謙遜する千紅さんだが、情熱と努力で立派な人形遣いへと成長。2020年3月には、入座8年目にして主遣いの大役を担い舞台に立った。淡路人形座での女性主遣いは、実に37年ぶりだ。
　「主遣いを務めさせてもらい、あらためて人形浄瑠璃の魅力を実感しました。人形遣い3人が一体で人形を操り、太夫と三味線と人形遣いが三位一体で物語を奏でる。そして、舞台と客席が一体感に包まれたとき、全身が痺れるほどの喜びと感動が湧き上がってくるんです」
　ぜひ舞台へ足を運び、千紅さんの喜びと感動を共感してほしい。

出発前にチェックしておきたい！

旅の基本情報
Basic Information

!

淡路島の旅に欠かせない基礎知識をご紹介。

島への行き方からシーズンや見どころ、お金の話まで、

知っておくと損をしないトピックスを網羅しました。

旅の基礎知識

海や山の豊かな自然が広がり、島ならではの穏やかな空気が流れる淡路島。
鮮魚、タマネギ、淡路牛など滋味深い食材も多い。そんな淡路島の魅力とは？

PART 1 まずは淡路島について知ろう

淡路島の気候や文化、名産などパラエティ豊かな島の魅力を紹介。

◇ 淡路市、洲本市、南あわじ市、◇ それぞれに異なる個性と特徴

淡路島の行政区は、淡路市、洲本市、南あわじ市の3市で構成されている。北部から中部に位置する淡路市は、北に明石海峡、東に大阪湾、西に播磨灘を望む美しい海岸線の道が延び、ドライブには最適。中部を横断する形で広がる洲本市は、古くから政治、経済、文化、交通の要衝として栄え、現在も島の中心都市的存在となっている。そして、文字通り島の南端に位置する、南あわじ市。鳴門海峡のうず潮や慶野松原といった景勝に代表される瀬戸内海国立公園を有し、豊かな自然が大切に守られている。

島内のいたるところで、広大な海を眺めることができる。もちろん絶景スポットも多い

◇ 全国ブランドのタマネギをはじめ◇ 農畜水の食産業が大盛況

京阪神地方を大市場とした園芸農業が盛んな淡路島。特産のタマネギは北海道、佐賀県に次ぐ全国第3の大産地で、県内生産高の90%以上を占める。昭和

太陽をたっぷりと浴び、豊かな土壌で育った淡路島タマネギは、甘くて軟らかいのが特徴

50年代から始まった三毛作により、レタス、ハクサイ、キャベツなどの葉物野菜も県内最大の生産地となっている。酪農業や畜産業、水産業も盛んで、島内の食料自給率は100%超の高水準だ。さすがは、かつての御食国、食の魅力には事欠かない。また、線香や瓦なども特産で、古くからの伝統と歴史を大切に受け継ぎながらも、時代に調和したモノづくりが行われている。

◇ 穏やかな気候に恵まれた島は、◇ 1年中いつでもウェルカム

淡路島の気候は、温暖で雨が少ない瀬戸内海式気候の特徴が顕著で、年間を通じて過ごしやすい。夏こそそれなりに暑いものの、四方を海に囲まれているので朝夕に風が吹

夏から秋にかけては、カヤックなどウォーターアクティビティが盛んになる

くこと、水田や山地が多いこと、湿度がそれほど高くないことなどから、他の都市部に比べて不快感は少ない傾向だ。こうした穏やかな気候に恵まれた島は、四季折々の花を愛でながらの散策、美しいビーチでのマリンレジャー、泉質も景色もすばらしい温泉での湯浴みなど、旅の楽しみが満載。もちろん、旬を味わう島グルメも忘れずに。

◇ 国生み神話ゆかりの島に根付く◇ 有形無形の文化財と多彩な祭礼

古くから文化が発展した島内では弥生文化を代表する銅鐸や銅剣の出土が多く、国の重要文化財に指定されている貴重なものもある。また、500年以上の歴史と伝統を誇る淡路人形浄瑠璃（国指定重要無形民俗文化財）をはじめ、多彩な伝統芸能文化が島内各地で受け継がれている。国生み神話ゆかりの地というだけあり、神々に祈りと感謝をささげる祭りも盛ん。厳かな神事と神賑行事の祭礼はもちろん、各地域の生活に根差した風習や行事も含めると、1年365日すべてが祭りといっても過言ではない。

沼島にあるおのころ神社には、伊弉諾尊と伊弉冉尊の石像が立っている

PART 2

淡路島、旅のノウハウ Q & A

旅行プランを立てる前に、知っておくと便利な情報を紹介！

おもしろ体験も！

シーズンのノウハウ

Q. ベストシーズンはいつ？

A. 海遊びも楽しめる6〜8月

四季折々の花を観賞できるスポットが多く、豊かな食材や温泉がある淡路島は、いつ訪れてもさまざまな楽しみ方ができる。とはいえマリンスポーツや海水浴を体験できる6〜8月がベストシーズンといえるだろう。

Q. 海に入れるのはいつまで？

A. 6〜8月いっぱいまで楽しめる

海水浴場は基本的には8月までがシーズンだが、SUP体験などのマリンスポーツは10月頃まで楽しめるところもある。

夏場は海水浴場やSUP体験のほか、ジェットボートなどマリンスポーツがめじろ押し

Q. 服装の注意点は？

A. 夏場は紫外線対策を！

夏場は紫外線が強いので、帽子、サングラス、日焼け止めは必携。レンタサイクルを楽しむ場合はスニーカーを持っておくと便利。冬場は本州と変わらない温度なので、一般的な冬服で。

夏は潮風を浴びながら海沿いを散歩するのも◎。ビーチサンダルも持参しよう

遊び方のノウハウ

Q. 現地ツアーはいつ頃予約？

A. 3日前にはしておきたい！

ハイシーズンは観光客で混み合う可能性が高いため、遅くとも2〜3日前には予約を入れておくのがベター。特に夏場のマリンスポーツは早めにおさえておこう。

沼島の周りを1周するおのころクルーズは予約必須

Q. 雨の日は何をする？

A. 体験施設をチェック！

吹き戻しづくりをはじめ、絵手紙や草木染め、ステンドグラス体験など、淡路島にはインドアでも楽しめる体験施設が充実。事前にチェックしておくと便利だ。

全国トップシェアを誇る吹き戻しを実際につくることができる

Q. コンビニはあるの？

A. 各所に点在！

国道28号線にはコンビニが多数点在している。ただし南淡路水仙ラインに入ると、途端にコンビニ数が減少するのでご注意を。

Q. 観光施設の営業時間は？

A. 17：00閉館が多いので注意

おもな観光施設のほとんどが17：00閉館なので、気になる施設がある場合はなるべくお早めに。また閉館が17：00でも最終入場が16：30という施設も多いので、事前に確認しておくことが大事。

お金のノウハウ

Q. 旅の予算はどれくらい？

A. プランによりさまざま

島内の宿泊施設は民宿から高級宿まで価格帯もさまざま。また、島内の移動で高速道路を利用する場合は、値段が変動するので、旅の予算と相談しプランを立てよう。

Q. クレジットカードは使える？

A. 宿や飲食店は可

ホテルなどではだいたいクレジットカードの使用は可能だが、小さな商店や飲食店では使えないところもあるので、現金は多めに所持しておくのが理想。電子マネーを使用できるお店も増え続けている。

おみやげのノウハウ

タマネギを加工品も！

Q. どんなおみやげがある？

A. 特産物が豊富！

食材の宝庫である淡路島には、タマネギをはじめとした特産物を販売する道の駅や産直市場が多数点在している。オニオンスープなどの加工品もあるのでお見逃しなく。

農作物が荷物になる場合は加工品を購入しよう

Q. おみやげはどこで買う？

A. 観光施設や道の駅、直売所もチェック

観光客が集まる主要エリアにおみやげ処や売店があるほか、ホテルや旅館も島ならではのおみやげを販売しているところが多い。道の駅や産直市場も多く、おみやげを買うところには困らないだろう。

淡路島では道の駅や産直市場でおみやげをチェックしよう

食事のノウハウ

海の幸を堪能！

Q. どんな料理が食べられるの？

A. 島の名産がめじろ押し！

まず食べたいのが、シラス、タイ、ウニなど新鮮な海の幸。そのほか淡路ビーフのステーキや淡路島タマネギを使ったハンバーガーなど、町のあちらこちらで名産を食すことができる。

Q. 海を見ながら食事をするには？

A. 北淡エリアのレストランがおすすめ

広大な海を見ながら食事を楽しみたいなら北淡エリアのレストランへ。淡路島の食材を余すことなく堪能できるお店から、ハローキティをモチーフにしたレストランまで、さまざまなジャンルの飲食店があるので、事前に調べてから出かけよう。

海をひとり占めできるテラス席を確保しよう。週末はどの店も混むので行列覚悟で挑もう

Q. 飲食店は予約が必要？

A. 人気店は予約がマスト

予約がなくても飛び込みで入店可能なお店は多いが、ハイシーズンや人気店などどうしても行きたいお店がある場合は予約しておくのがベターだ。

ネットワークのノウハウ

Q. インターネット事情は？

A. Wi-Fiスポットは徐々に拡大中

Wi-Fi完備のホテルが多い淡路島だが、まだまだ使えない宿も。Wi-Fiが使えるカフェも増えてきているが、行先が決まっている場合は事前に確認しておくのがベターだろう。

voice 淡路島には、線香、お酒などを製造販売し100年以上続くお店も多い。道の駅や産直市場などまとまったおみやげが並ぶ施設もいいが、梅薫堂や千年一酒造など淡路島に根付く個店を目指しておみやげを買うのも一興だ。

交通のノウハウ

海沿いをサイクリング♪

Q. 島内の移動手段は何がベスト?

A. 車での移動がベスト

島内をくまなく巡るのであれば、車はマスト。明石海峡大橋、大鳴門橋でつながる淡路島は、フェリーでしか行くことのできない島と違い、マイカーで訪れやすいのもうれしい。高速バスなどで島内に訪れる方は、レンタカーを借りて淡路島の旅を満喫しよう。

Q. 車以外の移動手段は?

A. 路線バスやレンタサイクルを活用

島内には路線バスが運行しているが、本数が限られているので、路線図を確認してプランを立てよう。近距離の移動ならレンタサイクルもあるが、17:00返却のショップもあるのでご注意を。

PART 3 気になる旬の食材が知りたい!

淡路島が誇る海と山の幸! おいしくいただける旬の時期をご紹介。

◆ 淡路島の食材

淡路島タマネギ
❖ 旬:4〜2月
軟らかく甘いのが特徴。育成期間の長さとタマネギ小屋でつるすことで糖度の高いタマネギになる。

シラス
❖ 旬:5〜7月、10〜12月
淡路近海で取れるシラスは、カタクチイワシの稚魚で、白く高級とされている。生シラス丼(4〜11月)で召し上がれ。

タイ
❖ 旬:9〜2月
明石海峡や鳴門海峡の急流で育ったタイは、身が分厚く食べ応え満点。鯛そうめん、宝楽焼など多彩な食べ方が楽しめる。

淡路ビーフ
❖ 旬:通年
淡路島で生まれ育った淡路牛のなかでも、厳しい認定基準を満たした牛が「淡路ビーフ」と呼ばれる。

◆ 旬の食材カレンダー

🍲 おいしく食べられる旬

	食材	1	2	3	4	5	6	7	8	9	10	11	12
農産物	淡路島タマネギ	🍲	🍲	🍲	🍲	🍲	🍲	🍲	🍲	🍲	🍲	🍲	🍲
	レタス	🍲	🍲	🍲	🍲	🍲						🍲	🍲
	ハクサイ	🍲	🍲	🍲								🍲	🍲
	キャベツ	🍲	🍲	🍲	🍲	🍲						🍲	🍲
	トマト				🍲	🍲	🍲						
	イチゴ	🍲	🍲	🍲	🍲	🍲							🍲
	ミカン	🍲									🍲	🍲	🍲
魚介類	マダイ	🍲	🍲							🍲	🍲		
	ハモ					🍲	🍲	🍲	🍲				
	淡路島3年とらふぐ	🍲	🍲	🍲								🍲	🍲
	マダコ					🍲	🍲	🍲	🍲				
	ウニ			黒	黒	黒	黒	赤	赤	赤			
	イカナゴ			🍲	🍲	🍲							
	シラス					🍲	🍲	🍲			🍲	🍲	🍲
	ノリ	🍲	🍲	🍲								🍲	🍲

黒:黒ウニ、赤:赤ウニ

voice 淡路島はご当地グルメも豊富。淡路牛、淡路島タマネギ、淡路米を使った「淡路島牛丼」、伝統産業の手延べそうめんと島の食材を組み合わせた「淡路島ぬーどる」、厚めのタマネギを挟んだ「淡路島バーガー」など魅力的な料理ばかり。

121

淡路島へのアクセス

陸から海から！楽々行ける島旅を

淡路島へは、マイカー以外なら高速バスでのアクセス主流。
船の旅なら明石からたったの13分！

淡路島へのアクセス

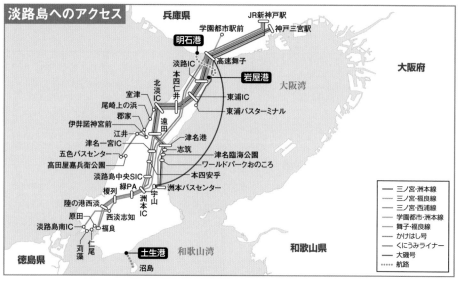

凡例
- 三ノ宮・洲本線
- 三ノ宮・福良線
- 三ノ宮・西浦線
- 学園都市・洲本線
- 舞子・福良線
- かけはし号
- くにうみライナー
- 大磯号
- ⋯⋯ 航路

兵庫県から船でアクセス

対岸の明石港から出航するジェノバライン。
明石海峡大橋をくぐる13分の船旅も一興だ。

明石港と岩屋港をつなぐジェノバライン

土生港と沼島をつなぐ沼島汽船

淡路ジェノバライン

大人600円	所要時間約13分	
明石→岩屋	時刻	岩屋→明石
40	05	20
20* 30	06	00* 40*
00* 20 30* 40*	07	00 20* 40
00 30*	08	00* 30
00 30*	09	00* 30
00 30*	10	00* 40
10 40*	11	20*
30*	12	00*
30*	13	00
30*	14	00*
30*	15	00*
20*	16	00* 40*
00* 40*	17	20*
20*	18	00* 40*
00* 40*	19	20
20*	20	00* 40*
00* 40*	21	20*
40	22	20
40	23	20

明石港
- 住 兵庫県明石市本町2-10-1
- 交 JR明石駅・山陽電鉄山陽明石駅から徒歩10分

淡路ジェノバライン
- 電 0799-72-0181
- URL http://www.jenova-line.co.jp/

運航：淡路ジェノバライン
※青字は平日のみ、赤字は土日祝のみ、黒字は全日運航
※自転車 280円
※★印のみ 125cc以下バイク可（550円）

土生港
- 住 南あわじ市灘土生1-10
- 交 神戸淡路鳴門自動車道から車で約30分

沼島汽船
- 電 0799-57-0008

運航：沼島汽船
※往復は大人 920円（ペットは子供料金460円が必要）
※運航状況 URL http://nushima-yoshijin.jp/go_kisen

沼島汽船

大人480円	所要時間約10分	
土生→沼島	時刻	沼島→土生
	06	20
00 50	07	25
	08	30
00	09	50
30	10	
55	11	20
	12	
50	13	20
	14	40
10	15	20
30	16	
	17	40
05	18	30
00	19	

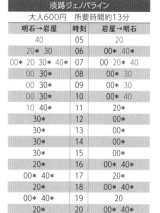

voice 淡路ジェノバラインの発着場所の岩屋港には、生しらす丼などを味わえる「お食事処 浜ちどり」や、パワースポットの絵島などが近くにあり旅の拠点にぴったり。レンタサイクルショップもあるので自転車に興味のある方はぜひ。

兵庫県から高速バスでアクセス

明石と鳴門、ふたつの海峡をつなぐ橋を渡る高速バスが充実。神戸からは2時間以内で島に到着！

淡路島内の主要バス停

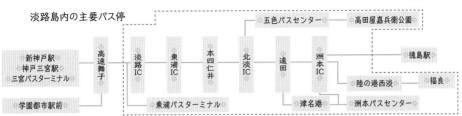

主要バス停の路線図：新神戸駅／神戸三宮駅／三宮バスターミナル・学園都市駅前 ― 高速舞子 ― 淡路IC ― 東浦IC ― 本四仁井 ― 北淡IC ― 遠田 ― 洲本IC ― 徳島駅。五色バスセンター ― 高田屋嘉兵衛公園。東浦バスターミナル。陸の港西淡 ― 福良。津名港・洲本バスセンター。

	三ノ宮・洲本線	学園都市・洲本線	三ノ宮・福良線	舞子・福良線
おもな運行会社	淡路交通／神姫バスなど	淡路交通／神姫バス	淡路交通／神姫バスなど	淡路交通
発／着	神姫バス神戸三宮バスターミナル	学園都市駅前	神姫バス神戸三宮バスターミナル	高速舞子
着／発	洲本バスセンター	洲本バスセンター	福良	福良
所要時間	最速1時間28分	最速1時間12分	最速1時間33分	最速1時間14分
料金 片道大人	2020円	1770円	2440円	2130円
料金 往復大人	3640円	3190円	4390円	3830円
便数	神戸三宮駅発：平日19便／土日祝17便 洲本バスセンター発：平日20便／土日祝17便	学園都市駅前発：平日／土日祝6便 洲本バスセンター発：平日8便／土日祝	神戸三宮駅発：平日19便／土日祝19便 福良発：平日18便／土日祝	高速舞子駅発：平日9便／土日祝5便 福良発：平日10便／土日祝5便
備考	2024年1月時点の情報	2024年1月時点の情報	2024年1月時点の情報	2024年1月時点の情報

	三ノ宮・西浦線	淡路・徳島線	くにうみライナー
おもな運行会社	淡路交通／神姫バス	淡路交通	本四海峡バス
発／着	神姫バス神戸三宮バスターミナル	徳島駅	神姫バス三宮バスターミナル
着／発	五色バスセンター／高田屋嘉兵衛公園	洲本バスセンター	陸の港西淡
所要時間	最速1時間25分	最速1時間21分	最速1時間30分
料金 片道大人	1870円	1690円	2210円
料金 往復大人	3370円	3380円	3980円
便数	神戸三宮駅発：平日17便／土日祝16便 五色バスセンター・高田屋嘉兵衛公園発：平日16便／土日祝16便	徳島駅発：平日4便／土日祝3便 洲本バスセンター発：平日4便／土日祝3便	下り線（新神戸駅発）：平日4便／土日祝3便 上り線（陸の港西淡発）：平日4便／土日祝3便
備考	2024年1月時点の情報	2024年1月時点の情報	2024年1月時点の情報

	かけはし号※1	大磯号
おもな運行会社	本四海峡バス／西日本ジェイアールバス	本四海峡バス／西日本ジェイアールバス
発／着	新神戸駅・三宮バスターミナル	新神戸駅・三宮バスターミナル
着／発	洲本バスセンター	東浦バスターミナル
所要時間	最速1時間32分	最速1時間
料金 片道大人	2020円	1050円
料金 往復大人	3640円	1890円
便数	下り線（新神戸駅発）：平日24便／土日祝18便 上り線（洲本バスセンター発）：平日24便／土日祝18便	下り線（新神戸駅発）：平日26便／土日祝28便 上り線（東浦バスターミナル発）：平日32便／土日祝29便
備考	2024年1月時点の情報	2024年1月時点の情報

淡路交通
☎0799-22-3121（本社）
URL https://www.awaji-kotsu.co.jp

神姫バス
☎079-223-1254
（バスお客様センター）
URL https://www.shinkibus.co.jp

本四海峡バス
☎0799-25-2670
（洲本営業所）
URL http://www.honshi-bus.co.jp

西日本ジェイアールバス
☎0570-00-2424
（予約専用ナビダイヤル）※2
URL https://www.nishinihonjrbus.co.jp

JRの高架下にある神姫バスの神戸三宮バスターミナル

※1 かけはし号は左記のほか、神戸空港・淡路インターナショナルホテル ザ・サンプラザ前間の「かけはし洲本温泉号」、ニジゲンノモリを経由する「かけはしニジゲンノモリ号」などの路線もある。詳しくは本四海峡バス、西日本ジェイアールバスのHPを参照。
※2 予約はかけはしニジゲンノモリ号、かけはし洲本温泉号のみ可能。

voice 淡路交通では、島内路線バスが1日間乗り放題になるチケットを、神姫バスでは神戸三宮からワールドパークおのころの高速バス往復チケットとワールドパークおのころの入園券がセットになったお得なチケットなどを販売。お得に旅を満喫できる。

広い淡路島なので島内移動手段は事前に要チェック!

淡路島島内の移動術

島内に鉄道はなく、公共交通機関としては路線バスのみ。
マイカーでのドライブの場合は、MAP ③淡路島ドライブルートマップを参考に。

🚌 路線バス

洲本を中心に、島の南部に路線が集中している。メインとなる縦貫線以外は本数が多くないので、計画的に利用しよう。路線図は→折り込みMap④を参照。

おもな区間の所要時間

```
                      津名港
                        │約30分
都志 ──約15分── 天神 ──約30分──┤
│約10分      │約45分        │
鳥飼浦                    洲本バスセンター
│約20分                 │約15分    │約20分
陸の港西淡 ─約20分─ 掃守 ─約35分─ 洲本 IC    由良
                        │約45分
                      福良
```

おもな区間の料金

津名港 ⇔ 洲本BC	大人 570円
洲本BC ⇔ 由良	大人 250円
洲本BC ⇔ 福良	大人 500円
洲本BC ⇔ 都志	大人 420円
洲本BC ⇔ 鳥飼浦	鳥飼線 大人 450円 / 都志線 大人 500円
洲本BC ⇔ 陸の港西淡	長田線 大人 500円 / 鳥飼線 大人 500円

淡路交通
☎ 0799-22-3121(本社)
URL https://www.awaji-kotsu.co.jp

🚕 タクシー

島内3市内にそれぞれ拠点とするタクシー会社があり、電話での予約や配車に対応しているので、いざというときには便利。観光コースの提案をしている会社も。

	主な営業エリア	予約電話番号
浦タクシー	淡路市周辺	0799-74-3108
鳴門タクシー株式会社	南あわじ市周辺	0120-42-0395

🚗 レンタカー

神戸などでレンタカーを手配して淡路島に来るという手段もあるが、島内にもレンタカー会社は複数あるので、手軽にドライブする際に利用するなども可。

	レンタル場所	予約電話番号
スカイレンタカー 淡路島北店	淡路市浦657 道の駅東浦ターミナルパーク2F	0799-23-1710
スカイレンタカー 淡路島中央店	洲本市桑間534-1	0799-23-1710
ニコニコレンタカー 洲本海岸通店	洲本市海岸通2-5-26	0799-22-2245
洲本レンタリース (洲本観光バス株式会社)	洲本市物部3-11-13	0799-22-6206
片井オートサービス カムカムレンタルサービス	南あわじ市福良甲512-87	0799-52-0333
南淡バス株式会社	南あわじ市福良甲1528-4 うずしおドームなないろ館内	0799-52-1440

🚲 レンタサイクル

近年の注目はレンタサイクルで島内を回るというサイクルツーリズム。観光協会のHPにもサイクルツーリズムの情報が充実。
URL https://www.awajishima-kanko.jp/cycling/index.html

	レンタル場所	予約電話番号
岩屋観光案内所	淡路市岩屋925番地内 岩屋ポートターミナル1F	0799-72-3420
洲本観光案内所	洲本市港2-43 洲本バスセンター内	0799-25-5820
南あわじ観光案内所	南あわじ市福良1528-4	0799-52-2336
トモチャリ	淡路市岩屋925-21	0799-70-9040
Bicycle Hub Awaji	淡路市浦657 道の駅東浦ターミナルパーク 東浦物産館103	0799-70-4252
Cyclism AWAJI	淡路市夢舞台2-28 アクアイグニス淡路島内	090-6662-3196
カムカム レンタルサービス	南あわじ市福良512-87	0799-52-0333
陸の港西淡	南あわじ市志知鈩443-1	0799-36-4422

Voice 島内唯一の公共交通機関の路線バスは、南側を中心に走る淡路交通ほか、北淡を巡るあわ神・あわ姫バスや南あわじ市内のみ循環するらん・らんバスなどがある。時間や本数が限られているので、スムーズに移動したい場合はレンタカーを事前に予約しよう。

泊まる
スタイルも
好みで選ぼう

淡路島宿泊術

ホテル・民宿のほか、グランピングやキャンプなど宿泊のバリエーションも豊富。
旅のプランに合わせて泊まり方を選ぼう。

◇ まずは泊まるエリアを決める

洲本温泉や南あわじ温泉郷が
ある南側のエリアに宿泊施設が
多い。お手頃の民宿に泊まるな
ら岩屋、津名エリアを探してみ
よう。

海を望む露天風呂がある宿泊施設も

◇ どんなタイプの宿にする？

リーズナブルな民宿から高級
旅館まで、いろんなタイプの宿
があるので、予算に合わせて選
ぼう。近年では貸し別荘も増え
ている。

プライベート空間を満喫できる貸し別荘も人気

◇ 旬を詰め込んだ料理で選ぶ

グルメ王国淡路島だけあり、宿
泊施設の料理のクオリティは高い。
淡路ビーフ、淡路島タマネギ、旬
の魚など、島ならではの食材を堪
能しよう。

海や山の幸がふんだんに使用されている

◇ 自然を満喫できるキャンプもおすすめ

淡路島にはキャンプ場やグラ
ンピング施設が多数点在してい
る。山の中や海沿いのキャンプ
場で自然を体感しよう。

大自然に囲まれて宿泊するのも一興だ

おもな宿泊リスト

北淡・五色・慶野松原

Simanoyadoya 住 淡路市中持531-3
電 090-5641-8768 URL simanoyadoya.com →P.38

禅坊 靖寧 住 淡路市楠本字場中2594-5
電 (0799)70-9087 URL zenbo-seinei.com →P.40

MOUNT LAKE re:sort 住 洲本市五色町鮎原中528 167
電 080-1991-6168 URL mount-lake.com/re-sort →P.43

パルシェ香りの館 住 淡路市尾崎3025-1 電 (0799)85-1162
URL www.parchez.co.jp →P.52

FBI AWAJI-First Class Backpackers Inn
住 洲本市五色町鳥飼浦2359 電 (0799)34-0900
URL fbi-camping.com/awaji →P.84

あわじ浜離宮 住 南あわじ市松帆古津路970-81
電 (0799)36-3111 URL www.awajihamarikyu.com →P.84

サンセットビューホテルけひの海 住 南あわじ市松帆古津路
970-76 電 (0799)37-3000 URL keinoumi.jp →P.84

スプリングゴルフ2&アートリゾート淡路 住 洲本市五色町都志1151
電 (0799)30-3555 URL www.springresort.co.jp →P.84

海若の宿 住 淡路市野島蟇浦150 電 (0799)82-1616
URL www.watatsuminoyado.com →P.84

岩屋・東浦

Olive GLAMP淡路島Virgin Valley 住 淡路市楠本2905-15
電 080-3861-0535 URL awaji-domeglamping.com →P.42

Glamping Resort Awaji 住 淡路市岩屋2604
電 0120-85-8835 URL gr-awaji.jp →P.43

グランドニッコー淡路 住 淡路市夢舞台2
電 (0799)74-1111(代表) URL awaji.grandnikko.com →P.88

GRAND CHARIOT北斗七星135° 住 淡路市夢舞台2425-2
電 (0799)64-7090 URL awaji-grandchariot.com →P.88

淡路島岩屋温泉 淡海荘 住 淡路市岩屋3559-4
電 (0799)72-4111 URL www.tankaiso.co.jp →P.88

津名

淡路島 サササウナ 住 淡路市生穂1359
電 なし URL sasasauna.jp →P.39

TOTOシーウィンド淡路 住 淡路市里573-14
電 (0799)62-7105 URL seawind-awaji.jp →P.41

淡路島リゾートホテル DiosHotel 住 淡路市志筑3111-93
電 090-2386-2147 URL dios.design →P.91

栄貴

MAGATAMA.INN 住 洲本市山手3-3-9
電 090-7968-2152 URL instagram.com/magatama.inn →P.39

洲本・由良

ホテルニューアワジ 住 洲本市小路谷20
電 (0799)23-2200 URL www.newawaji.com →P.96

淡路夢泉景 住 洲本市小路谷1052-2
電 (0799)22-0035 URL www.yumesenkei.com →P.97

夢海游淡路島 住 洲本市山手1-1-50 電 (0799)22-0203
URL www.yumekaiyu.com →P.97

渚の荘 花季 住 洲本市小路谷1053-16 電 (0799)23-0080
URL www.awajihanagoyomi.com →P.97

淡路インターナショナルホテル ザ・サンプラザ
住 洲本市小路谷1279-13 電 (0799)23-1212
URL www.the-sunplaza.co.jp →P.97

民宿 はぎわら 住 洲本市由良町内田824-1 電 (0799)27-0175
URL awaji-yura.com →P.97

海のホテル 島花 住 洲本市小路谷1277-5 電 (0799)24-3800
URL www.shimahana.com →P.97

南あわじ・福良

SolaVilla 住 南あわじ市湊1131-1
電 050-3533-0606 URL solavilla.jp →P.36

designer's villa EDGE 住 南あわじ市福良丙773-53
電 (0799)53-1641 URL villa-edge.com →P.38

るいろヒルズ淡路 住 南あわじ市津井1890-1
電 050-3135-2324 URL minamiawaji-glamping.com →P.42

淡路島うずしお温泉 うめ丸 住 南あわじ市阿那賀1137-9
電 (0799)39-0206 URL www.umemaru.co.jp/spa →P.53

サンライズ淡路 住 南あわじ市広田1466-1 電 (0799)45-1411
URL www.sunrise-awaji.com →P.102

Nook ～ヌーク～ 住 南あわじ市灘土生297 電 080-7622-4403
URL www.noooooook.com →P.102

南海荘 住 南あわじ市阿那賀1603 電 (0799)39-0515
URL www.nankaiso.com/main →P.103

観潮荘 住 南あわじ市阿那賀906 電 (0799)39-0372
URL kanchousou.com →P.103

ホテルアナガ 住 南あわじ市阿那賀1109 電 (0799)39-1111
URL www.hotelanaga.com →P.103

フェアフィールド・バイ・マリオット・兵庫淡路島福良
住 南あわじ市福良甲512-154 電 (0799)38-6625
URL marriott.co.jp/osafi →P.103

湊小宿 海の薫とAWAJISHIMA 住 南あわじ市福良甲1529-7
電 (0799)22-2521(予約センター) URL www.minatokoyado.com →P.103

淡路島海上ホテル 住 南あわじ市福良福良甲21-1
電 (0799)52-1175 URL www.awajishimakaijyo.com →P.103

voice 日本最初の島・オノコロ島の最有力候補地とされる沼島にも旬の魚を使用した自慢の料理を味わえる宿泊施設がある。小さい島
だが夏はお祭りが開催されたり、海水浴場が開かれたりするので、1泊してのんびり過ごすのもいい。

島の過ごし方、遊び方ならおまかせ！

淡路島の観光案内所活用術

おもな観光案内所は以下の4つ。カウンターにはスタッフが常駐しているので、なんでも相談しよう。おすすめのスポットやグルメ情報、滞在中のイベント情報が得られるかも。

活用術◇1
パンフレットや地図をゲット！

島を巡る前に入手したいのがドライブマップやパンフレットなど。そのほか、サイクリングマップもあるので、サイクリストたちにも優しい。

バラエティに富むパンフレットから役立つ情報をゲット

活用術◇2
レンタサイクルも利用できる

岩屋観光案内所、洲本観光案内所、南あわじ観光案内所では、自転車をレンタルできる。岩屋と洲本には電動アシスト付き自転車もあるので、体力に自信のない方は岩屋か洲本へ。

さまざまなタイプの自転車が用意されている

◇ 淡路SA観光案内所

淡路サービスエリアの中にある観光案内所。本州から来る方はこちらで情報収集しよう。サービスエリア内にはレストランも多く、観覧車があることでも有名だ。

MAP P.85B2　淡路市岩屋2568淡路サービスエリア下り線内　(0799)72-0168　8:00～17:00　無休

◇ 岩屋観光案内所

明石と淡路島を結ぶ淡路ジェノバラインの発着場所である岩屋港近くにある観光案内所。同じ岩屋ポートビル内には、生シラス丼が食べられるレストランが入っている。

MAP P.85B2　淡路市岩屋925番地内 岩屋ポートターミナル1F　(0799)72-3420　9:00～17:00　水曜

◇ 洲本観光案内所

大阪・神戸と洲本を行き来する高速バスのターミナル・洲本バスセンター内にある観光案内所。飲食店やショップが密集する洲本のおすすめスポットはココで！

MAP P.92B1　洲本市港2-43 洲本バスセンター内　(0799)25-5820　9:00～17:00　木曜

◇ 南あわじ観光案内所

世界最大級のうず潮を望むうずしおクルーズの発着所のすぐそばにある案内所。近くには海を眺めながら楽しめる足湯もあるので、お立ち寄りの際はぜひ。

MAP P.98A3　南あわじ市福良甲1528-4地先 道の駅福良内　(0799)52-2336　9:00～17:00　火曜

旅の情報源！ 島のお役立ちサイト

淡路島観光ガイド・あわじナビ
www.awajishima-kanko.jp

淡路市観光情報
www.city.awaji.lg.jp/life/6

ツナガルマチ SUMOTO
www.city.sumoto.lg.jp/site/tunagarumachi

南あわじ市観光情報
www.city.minamiawaji.hyogo.jp/life/3

沼島
nushima-yoshijin.jp

voice 洲本観光案内所は、9時から翌朝の9時までレンタサイクルができる「シェアサイクル」サービスを2023年7月からスタート。また各観光案内所の通常のレンタサイクルは、16時30分までに返却しないといけないので計画的に行動しよう。

さくいん

地球の歩き方
JAPAN
島旅 19

淡路島 改訂版

STAFF

Producer	梅崎愛莉
Editors & Writers	クエストルーム（大植陽子、西村直洋）、有田範子、杉之尾思衣、吉田達弥、堀俊夫
Photographers	田村和成、直江泰治
Designer	坂部陽子（エメ龍夢）
Maps	千住大輔（アルト・ディークラフト）
Proofreading	ひらたちやこ
Printing Direction	夛田匡志

Special Thanks	淡路島観光協会、淡路島くにうみ協会、淡路島の皆さん

地球の歩き方 島旅 19 淡路島（瀬戸内の島々③）改訂版
2021 年 5 月 4 日　初版第 1 刷　発行
2024 年 3 月 19 日　改訂第 2 版第 1 刷　発行

著 作 編 集	地球の歩き方編集室
発 行 人	新井邦弘
編 集 人	由良暁世
発 行 所	株式会社地球の歩き方 〒 141-8425　東京都品川区西五反田 2-11-8
発 売 元	株式会社Gakken 〒 141-8416　東京都品川区西五反田 2-11-8
印 刷 製 本	株式会社ダイヤモンド・グラフィック社

※本書は基本的に 2023 年 11 月の取材データに基づいて作られています。
　発行後に料金、営業時間、定休日などが変更になる場合がありますのでご了承ください。
　更新・訂正情報：https://book.arukikata.co.jp/support/

本書の内容について、ご意見・ご感想はこちらまで
〒 141-8425　東京都品川区西五反田 2-11-8
株式会社地球の歩き方
地球の歩き方サービスデスク「島旅　淡路島」投稿係
URL ▶ https://www.arukikata.co.jp/guidebook/toukou.html
地球の歩き方ホームページ（海外・国内旅行の総合情報）
URL ▶ https://www.arukikata.co.jp/
ガイドブック『地球の歩き方』公式サイト
URL ▶ https://www.arukikata.co.jp/guidebook/

●この本に関する各種お問い合わせ先
・本の内容については、下記サイトのお問い合わせフォームよりお願いします。
　URL ▶ https://www.arukikata.co.jp/guidebook/contact.html
・広告については、下記サイトのお問い合わせフォームよりお願いします。
　URL ▶ https://www.arukikata.co.jp/ad_contact/
・在庫については　Tel ▶ 03-6431-1250（販売部）
・不良品（乱丁、落丁）については　Tel ▶ 0570-000577
　学研業務センター　〒 354-0045　埼玉県入間郡三芳町上富 279-1
・上記以外のお問い合わせは　Tel ▶ 0570-056-710（学研グループ総合案内）

© Arukikata. Co., Ltd.
本書の無断転載、複製、複写（コピー）、翻訳を禁じます。
本書を代行業者等の第三者に依頼してスキャンやデジタル化することは、
たとえ個人や家庭内の利用であっても、著作権法上、認められておりません。
All rights reserved. No part of this publication may be reproduced or used in any form or by any means,
graphic, electronic or mechanical, including photocopying, without written permission of the publisher.

学研グループの書籍・雑誌についての新刊情報・詳細情報は、下記をご覧ください。
学研出版サイト ▶ https://hon.gakken.jp/
地球の歩き方島旅公式サイト ▶ https://www.arukikata.co.jp/shimatabi/

島旅の思い出やおすすめを教えて！

読者プレゼント

ウェブアンケートにお答えいただいた方のなかから、毎月1名様に地球の歩き方オリジナルクオカード（500円分）をプレゼントいたします。詳しくは下記の二次元コードまたはウェブサイトをチェック！

https://www.arukikata.co.jp/guidebook/enq/shimatabi